LES OMBRES D'UN DOSSIER

ROGER COLOMBANI

La mort d'un roi
La vérité piégée
Flics et voyous
L'affaire Weidmann
C'était Marseille d'abord
Les ombres d'un dossier J'ai lu 7070/**4**

ROGER COLOMBANI

L'affaire Tangorre

LES OMBRES D'UN DOSSIER

Crimes & Enquêtes

Collection dirigée par Paul Lefèvre

Il n'y a pas une affaire Tangorre, ni même deux, mais plutôt un mystère Luc Tangorre. Condamné une première fois, en mai 1983, à quinze ans de réclusion criminelle, il est mis en liberté conditionnelle par grâce présidentielle le 15 février 1988... mais condamné de nouveau à dix-huit ans de réclusion criminelle pour des faits différents mais de même nature... viols et tentatives de viols...

Luc Tangorre est un mystère : il a été accusé et condamné deux fois... A chaque fois, il s'est toujours proclamé innocent et beaucoup l'ont cru... Aujourd'hui encore et malgré la répétition troublante, personne ne peut affirmer que les verdicts des cours d'assises qui l'ont sanctionné ne sont pas des erreurs judiciaires.

Deux fois, Luc Tangorre a été accusé du crime le plus difficile à démontrer : le viol. Les deux instructions, menées bien entendu par des magistrats différents, n'ont pas complètement balayé le doute qui entoure une accusation fondée, exclusivement, sur des témoignages.

A la suite du premier procès, ce doute a conduit le président de la République à user de la grâce pour remettre en liberté un homme dont il a pensé qu'il avait été mal jugé.

Quelques années plus tard, Luc Tangorre était de nouveau accusé de viol par deux femmes qui ne le connaissaient pas et qui n'avaient jamais entendu parler du précédent procès. L'ont-elles véritablement reconnu ?

Au-delà des questions que les procédures soulèvent, le mystère Tangorre est aussi – surtout – le mystère d'un homme dont on n'a pas réussi à percer la personnalité. Et c'est surtout à cet inconnu que Roger Colombani, vieux praticien de l'investigation et chroniqueur judiciaire renommé, s'est attaché à répondre pour tenter de dissiper les « ombres du dossier Tangorre ».

Paul LEFÈVRE

1

23 mai 1988. C'est le lundi de Pentecôte, le dernier jour de la feria de Nîmes.

Depuis le jeudi, trois cent mille personnes sont venues, souvent de loin, assister aux corridas dans les arènes antiques, mais aussi participer dans les rues de la ville à cette fête médiévale, à ce tourbillon de folie, qui mêle les cris, les chants et les musiques des « bandas », emportant tout comme un coup de mistral.

Ce soir, Manu Dibango, le saxophoniste, clôturera la fête en jouant dans les jardins.

Mais déjà les camions de la voirie commencent à nettoyer les rues jonchées de détritus, tandis que les gendarmes s'apprêtent à passer la nuit sur les routes pour canaliser le flot des automobilistes qui rentrent chez eux.

Dans les bureaux du peloton du Grand Gallargue, sur l'autoroute de Nîmes à Orange, le gendarme Belin assure la permanence de 20 heures à 6 heures du matin.

Son travail consiste à recevoir les coups de téléphone

ou les appels émanant de bornes de secours de l'autoroute, de les noter sur le carnet de marche du service et d'informer la voiture de surveillance qui patrouille avec trois gendarmes à son bord pour qu'elle intervienne si nécessaire.

Contrairement aux prévisions, la journée a été calme. Pas un seul appel depuis que le gendarme a pris son service. Les camarades qui l'ont précédé n'ont pas été non plus surchargés de travail : le carnet ne porte que deux mentions : à 10 h 04, un véhicule a pris feu sur le pont du Gardon et, à 14 h 25, la station Shell de Marguerittes a signalé une grivèlerie d'essence : cent cinquante-neuf francs de super. Le pompiste a relevé le numéro d'immatriculation du véhicule qui est originaire des Landes. Depuis, plus rien. Ça n'est pas pour déplaire à Belin. Il a de quoi s'occuper – des documents à dactylographier, d'autres à classer. Le moindre incident déclenche une avalanche de papiers et requiert de longs moments de frappe devant une machine à écrire. Autant d'heures qu'on ne passera pas sur le terrain !

Le flot des véhicules s'écoule sur l'autoroute. Du bureau de la gendarmerie, le bruit des moteurs ne parvient que lointain, assourdi, un seul et même grondement ininterrompu qu'on finit par ne plus entendre. Mais que la circulation s'arrête un instant, et le silence emplit l'air.

Plongé dans son travail, Jean-Jacques Belin ne voit pas le temps passer. Il y a plus de trois heures qu'il est là, devant sa machine à écrire, lorsque la sonnerie des bornes d'appel le fait sursauter. Un coup d'œil à la pendule : elle marque 11 h 15. Il note l'heure sur le carnet. L'appel est donné de la borne 19, au point kilométrique 49, en direction d'Orange. Belin entend une voix de femme avec un fort accent. Elle paraît en proie à une vive émotion car elle crie et pleure en même temps. Cette femme n'est pas seule. Le gendarme perçoit près d'elle une autre voix, également féminine, d'autres pleurs, d'autres cris. Il tente de calmer son interlocutrice :

– Parlez doucement, lui dit-il, je ne vous comprends pas.

La voix reprend, hachée par l'affolement. Cette fois, néanmoins, il saisit quelques mots : « ... perdue... viol... », puis de nouveaux pleurs, la voix s'interrompt. Belin a beau appeler, l'interlocutrice ne répond plus. « Il faut faire vite », pense-t-il. Il a le sentiment que le viol est en train de se commettre. La voiture de surveillance est en patrouille. Il alerte ses collègues qui, aussitôt, se dirigent vers le lieu de l'appel. Le gendarme essaie de rétablir le dialogue avec la borne 19. Personne ne lui répond. Que s'est-il passé ? Les victimes ont-elles été enlevées par leurs agresseurs ? Ont-elles réussi à fuir ?

Il téléphone aux péages, aux stations d'essence pour les alerter, quand la borne 19 appelle de nouveau. La même voix de femme, toujours angoissée, explique :

– Nous nous sommes cachées parce qu'il nous fallait parler très fort dans l'appareil, nous avons eu peur d'attirer l'attention de notre agresseur. Il nous avait averties qu'il resterait près de nous pour nous surveiller et que, si nous contactions la police, il reviendrait pour nous tuer. A chaque voiture qui passait sur la route, nous pensions que c'était lui.

Ce court récit est toujours entrecoupé de sanglots. Le gendarme sent que ses interlocutrices sont encore affolées. Il sait que la voiture de patrouille ne va pas tarder à arriver auprès d'elles et il veut les rassurer suffisamment pour qu'entre-temps elles ne s'enfuient pas de nouveau.

– Ne bougez pas, restez près de la borne, leur recommande-t-il, les secours arrivent.

Il les entend pleurer, l'une d'elles a l'air de grelotter. Pour les faire patienter, le gendarme leur pose quelques questions. La voix, toujours la même, répond laconiquement :

– Vous étiez en voiture ?

– Oui.

– Avec votre agresseur ?

– Oui.

– Le véhicule lui appartenait-il ?

– Oui, semble-t-il.

– Quelle marque ?

– Renault 4 L.

– Quelle couleur ?

Une hésitation.

– Verte... (Elle se reprend :) Je ne sais plus...

Le gendarme va diffuser ces quelques renseignements aux différents péages. Si l'agresseur est encore sur l'autoroute, on pourra peut-être l'intercepter.

En relisant les notes sur le carnet, Belin s'aperçoit qu'il a inscrit 11 h 15 comme heure d'appel au lieu de 23 h 15. Il rectifie les chiffres en les surchargeant.

La voiture de patrouille arrive. Elle a été légèrement retardée en cours de route par un accident. Un poids lourd a perdu deux roues jumelées à l'arrière gauche. L'une d'elles a heurté cinq voitures. Pas de blessés, seulement des dégâts matériels. Le temps de s'en assurer et ils repartent vers la borne 19.

Le sous-officier de permanence et l'adjudant Coin, chef du peloton autoroutier, les rejoignent quelques instants plus tard.

Les deux filles sont là, se tenant par la main, visiblement désemparées. Elles pleurent à la moindre évocation des faits. Elles ne portent aucune trace apparente de blessures ou de coups, notent aussitôt les gendarmes. Elles sont jeunes – guère plus de vingt ans – et portent des vêtements standards, comme la plupart des jeunes en vacances. Elles ont l'air d'étudiantes. Leur accent est anglo-saxon.

– De quel pays ? demande l'adjudant.

– Etats-Unis, répond l'une d'elles, Jessica, celle qui parle le plus souvent.

Elle semble moralement plus mûre que sa compagne, Marilyn. Reprenant peu à peu son sang-froid, elle paraît aussi mieux se débrouiller avec la langue française. Assez, en tout cas, pour répondre clairement aux questions du gendarme.

Pendant qu'ils se dirigent en voiture vers le S.A.M.U. de l'hôpital Caremeau de Nîmes où elles seront examinées, Jessica, « déchoquée », explique à l'adjudant Coin qu'elles ont été prises en stop à Marseille par une 4 L verte que conduisait un homme d'une trentaine d'années, les yeux marron, les cheveux foncés, vêtu d'un pantalon blanc et d'un polo jaune. Arrivés à Nîmes, au bord d'une route nationale près d'un manège à chevaux, l'individu a garé son véhicule et les a violées toutes les deux. Elles ont ensuite réussi à prendre la fuite à travers les vignes. Parvenues en bordure de l'autoroute, elles ont escaladé la clôture et appelé au secours. Jessica explique à l'adjudant que Marilyn et elle étudient le français dans un collège américain à Paris.

A l'hôpital, le médecin du S.A.M.U., ayant constaté qu'elles n'étaient pas blessées, les a orientées vers le service de gynécologie où un médecin, le Dr Sylvie Neveu, et un interne, le Dr Karina Grar, les examinent vers 3 heures du matin. Ni l'une ni l'autre ne paraissent avoir physiquement trop souffert des violences qu'elles se plaignent d'avoir subies.

Pour Jessica : « Pas de lésion, d'ecchymose ni d'hématome au niveau corporel. Aucune déchirure périnéale, ni vulvaire, ni vaginale, ni cervicale, note le rapport que dressent les deux praticiens. Au total, conclut-il, l'interrogatoire et l'examen clinique sont évocateurs d'un viol avec rapport rectal, bien qu'il n'y ait pas de lésion traumatique... » Plus surprenant est l'examen de Marilyn. « La jeune fille était vierge avant le viol, elle l'est toujours, constate le Dr Grar qui précise également que l'examen de la vulve montre un hymen intact. Il n'existe pas de lésion anale, mais on observe la présence d'un enduit graisseux – de l'huile, semble-t-il – qui aurait été utilisé par l'homme pour tenter d'avoir des rapports. D'après les dires de la patiente et au vu de l'examen clinique, bien qu'il n'y ait pas eu de traumatisme, on peut penser qu'il y a eu un rapport rectal de force. »

Les analyses des divers frottis effectuées par le laboratoire de cytologie de l'hôpital ne sont pas plus probantes. Pour Marilyn, seul le frottis anal révèle la présence de « très rares corpuscules ovoïdes, sans flagelles, pouvant correspondre à des têtes de spermatozoïdes fortement altérées. »

L'examen de Jessica a conduit les médecins à des constatations à peu près semblables : sur les deux frottis pratiqués, quelques rares spermatozoïdes sont retrouvés, ils sont fortement altérés et ne comportent pas de flagelles.

Pendant que les deux jeunes filles sont examinées, la brigade des recherches vient prendre la relève des « autoroutiers ». Le gendarme Alain Derbecq recueille auprès de ses collègues les premières déclarations des victimes.

– A quelle heure avez-vous reçu leur appel ?

– Aux alentours de 22 h 30.

Le gendarme Derbecq note 22 h 30. Plus tard, on se demandera où est l'erreur. On aura d'autant moins de certitude que le premier relevé horaire de l'appel de la borne 19 a été, on l'a vu, raturé.

Le juge d'instruction devra entendre chacun des gendarmes concernés. Finalement, en confrontant les souvenirs, on fixera l'heure d'appel à 23 h 30, la plus vraisemblable si l'on s'en tient aux déclarations des deux victimes.

Ça commençait mal !

Ce n'est qu'après les examens, et un premier contact avec les gendarmes de la brigade des recherches de Nîmes qui, désormais, sont chargés de l'enquête, que Jessica et Marilyn vont pouvoir prendre un peu de repos. Les émotions accumulées au cours de la journée les ont épuisées.

8 heures. Le réveil est quasi militaire. Une rapide toilette et les voilà reparties sur le sentier de l'enquête. Les gendarmes veulent d'abord, à partir de la borne d'appel, essayer de retrouver l'endroit où les viols ont été commis. Jessica et Marilyn ont bien récupéré. Elles participent activement aux recherches et se lancent avec allant sur le chemin qu'elles ont parcouru la veille au soir en sens inverse lorsqu'elles fuyaient leur agresseur à la recherche de secours. Elles ont une bonne mémoire. Du premier coup, elles conduisent les gendarmes jusqu'à une pommeraie.

– C'est là, disent-elles.

Le terrain est bien entretenu. Les rangées de pommiers sont espacées d'au moins deux mètres pour permettre le passage d'engins mécaniques. Le verger est situé sur la commune de Rodilhan, au lieu-dit mas de Boulbon, dans la banlieue sud-est de Nîmes, à un peu plus de trois kilomètres du centre de la ville, notent les enquêteurs.

De retour à la brigade, les jeunes filles aident un gendarme à dresser un portrait-robot de leur agresseur. Le signalement précis qu'elles donnent montre leur sens aigu de l'observation : « Type français avec un accent du Midi, la trentaine, un mètre soixante-dix, peau mate, cheveux très bruns, très courts, ondulés. Yeux marron, visage légèrement ovale, nez épaté mais bien proportionné "évoquant le nez des Noirs, mais avec des narines moins grandes", précise Jessica, bouche petite, lèvres épaisses, langue très pointue. » Le dessin réalisé est aussitôt transmis dans toute la France. L'après-midi est consacré à la première audition des deux victimes.

C'est Jessica qui est interrogée la première. Il est presque 13 heures. Elle a pris un repas léger avec Marilyn et, pendant plus de deux heures, elle va répondre sans se troubler, calmement, avec le plus de précisions possible aux questions des gendarmes. Ceux-ci ont fait appel à l'interprète de la cour d'appel, Mlle Sudre, mais Jessica préfère dans un premier temps répondre en français.

Elle est née à Kansas City le 27 juin 1967. Son beau-père est un homme d'affaires qui joue un rôle important au parti démocrate. Elle se trouve à Paris depuis le 1er septembre 1987 et suit, au collège Alma, des cours de perfectionnement en français. Alma est un établissement américain dont l'antenne parisienne est installée au siège de l'Alliance française, boulevard Raspail.

En janvier 1988, elle s'est liée d'amitié avec Marilyn qui arrivait des Etats-Unis pour suivre le même enseignement. Jessica habite à Versailles chez une vieille dame seule. Marilyn, pour sa part, loge rue d'Assas, dans une pension pour étudiants.

Que s'est-il passé tout d'un coup dans leur tête – ou dans leur vie – pour qu'elles décident brusquement, et sans en avertir personne, de partir en auto-stop à Cannes afin d'aller voir la mer !

Des amis, rencontrés au tournoi de tennis de Roland-Garros, revenaient de la Côte d'Azur. Le récit enthousiaste qu'ils ont fait de leur voyage a donné aux jeunes filles l'envie de partir là-bas. Jessica connaît la région. Elle a séjourné dans une famille qui possède une maison à La Ciotat, mais elle n'a pas voyagé au-delà. La décision est vite prise. Il faisait si chaud à Paris, explique Jessica, qu'elle n'a pas pensé à avertir sa logeuse à qui, pourtant, elle ne cachait rien. Curieux départ qui a l'air d'une fugue. N'est-il pas également singulier que les deux filles partent ainsi à l'aventure, sans avoir préparé ce voyage, alors qu'elles ont, deux jours plus tard, des examens de contrôle au collège ?

Par ailleurs, la suite de leur périple est rocambolesque. Elles quittent Paris vers 18 heures et se rendent à la Porte d'Orléans pour faire de l'auto-stop. Vers 19 h 30, un autocar s'arrête. C'est rare, un autocar qui s'arrête pour prendre à son bord des auto-stoppeuses. Celui-ci, de surcroît, transporte des marins américains qui, après une virée dans la capitale, rejoignent leur bateau, *L'Hermitage*, amarré au Vieux-Port de Marseille. Le hasard tient parfois d'étonnantes coïncidences en réserve. De ce voyage nocturne les deux jeunes filles n'ont pas retenu grand-chose. L'autocar a emprunté l'autoroute. Il s'est arrêté au milieu de la nuit à un relais où elles ont pris, en compagnie des marins, une collation dans une cafétéria. Puis, de nouveau, la route jusqu'à Marseille où l'autocar arrive le lundi matin à 6 h 30. Les marins regagnent leur bateau. Le chauffeur prépare aux deux passagères un café avec le percolateur du bord, puis les conduit jusqu'à l'entrée de l'autoroute du Sud en direction de Toulon. Il fait beau, l'air est d'une extrême douceur, léger, parfumé.

Elles sont heureuses. Plus encore peut-être à cause de cette escapade qui ajoute à leur sentiment de liberté.

Deux belles filles qui font de l'auto-stop ne restent pas longtemps sur le bord d'une autoroute. Un taxi s'arrête. Oui, un taxi ! Un taxi qui prend en charge des auto-stoppeuses – même jolies – c'est, comme pour l'autocar, un événement assez rare... Celui-là, justement, rentre à Toulon, son port d'attache. Il va les conduire jusque-là. Pourquoi, alors, Jessica note-t-elle la plaque minéralogique : 424 B ? Ressent-elle une inquiétude qui la pousse à se donner un moyen d'identifier le véhicule ? A-t-elle tout simplement l'habitude d'agir ainsi ?

Avant d'arriver à Toulon, le taxi sort de l'autoroute pour laisser les deux Américaines sur une plage de galets. Bandol, Sanary ? Elles ne savent pas. Elles se baignent puis s'allongent au soleil.

– Nous sommes reparties vers 10 heures, dit Jessica.

– Nous sommes restées là jusqu'à midi, corrige Marilyn.

10 heures ? Midi ? Qui a raison ? Marilyn, sans doute, car elle semble avoir un souvenir plus précis de leur emploi du temps à ce moment-là.

Alors que Jessica raconte succinctement qu'en quittant la plage elles ont de nouveau fait du stop, qu'elles sont arrivées à La Seyne, qu'elles sont allées sur une autre plage d'où elles sont reparties vers 17 heures ou 18 heures, Marilyn, elle, se rappelle un déjeuner à La Seyne après lequel, et toujours en stop, elles ont rejoint une plage qui, croit-elle, s'appelle les Sablettes, à vingt minutes de voiture environ, et qu'il était alors 14 heures.

– Nous sommes reparties vers 17 h 30 après avoir discuté avec des hommes sur la plage, ajoute-t-elle. Nous sommes retournées à Marseille, en stop encore, car on nous avait dit qu'il nous serait plus facile d'y trouver une voiture pour rentrer à Paris.

Qu'ont-elles fait pendant les trois heures et demie qu'elles ont passées aux Sablettes ? Sont-elles restées sur la plage ? Ont-elles visité cette petite station balnéaire située sur un isthme qui, d'un côté, donne sur la rade de Toulon et, de l'autre, sur le grand large, face à l'Afrique ?

Reconstruite par Pouillon après la guerre, la station des Sablettes a un casino et plusieurs dancings qui, bien sûr, étaient ouverts en ce lundi de Pentecôte.

L'enquête ne cherchera pas à en savoir plus. Elle n'identifiera pas non plus les cinq personnes qui conduisaient les véhicules qui ont pris les deux jeunes filles en auto-stop, pas plus que le chauffeur de l'autocar transportant les marins américains de Paris à Marseille.

D'entrée de jeu, la version des viols dans la pommeraie de Nîmes est considérée par les enquêteurs comme la seule version possible des faits. Pourquoi aller chercher plus loin ? Il est vrai que la précision du récit de l'agression que font Jessica et Marilyn donne à penser que cette hypothèse ne peut être que la vérité. Il aurait été plus sage, néanmoins, d'éclaircir les conditions dans lesquelles s'étaient effectuées les différentes étapes de leur voyage. D'autant que les examens de laboratoire sur des prélèvements effectués quatre ou cinq heures après les viols donnent des résultats qui ne semblent pas concorder avec les faits. Sur l'une comme sur l'autre des victimes, les analyses ont fait apparaître « des corpuscules ovoïdes, sans flagelles, pouvant correspondre à des spermatozoïdes fortement altérés » ou encore « des spermatozoïdes en assez faible proportion dont la plupart ne comportent pas de flagelles ».

Or, selon les spécialistes, les spermatozoïdes ne commencent à s'altérer et à perdre leurs flagelles que de longues heures après le rapport sexuel : de vingt-quatre à quarante-huit heures, précisent-ils.

Ces analyses tendraient donc à prouver que les spermatozoïdes retrouvés dans les prélèvements pouvaient provenir de relations sexuelles ayant eu lieu la nuit précédente ou au cours de la matinée, mais bien avant l'heure présumée des viols. Il est donc regrettable, dans ces conditions, que l'enquête n'ait pas apporté plus de précisions sur le comportement des deux Américaines depuis leur départ de Paris.

Jessica et Marilyn se retrouvent au cœur de Marseille vers 19 heures. Elles font encore du stop. Une voiture s'arrête. Jessica l'identifie au premier coup d'œil : c'est une Renault 4 L vert clair.

– Plutôt vieille, pas très propre, remarque-t-elle.

Les sièges : des fauteuils à l'avant, une banquette à l'arrière, sont en similicuir marron. Le chauffeur est un garçon d'une trentaine d'années, dont elle fait une description très détaillée, jusqu'à la langue « qu'il a très pointue ».

– Il avait l'air gentil, dit-elle.

– Où allez-vous ? demande-t-il.

– A Paris.

– Je m'arrête à Lyon, mais, là-bas, vous pourrez dormir et prendre un train pour la capitale.

Elles montent. A l'arrière de la voiture se trouvent des livres empaquetés dans du plastique transparent. Ils ont à peu près la dimension des ouvrages de la collection « Folio », note Jessica.

Le titre, écrit en vert, commence par un mot pouvant être « CULPABILITÉ » en majuscules ; en bas de la couverture figure la photo en noir et blanc d'un homme avec des moustaches. Jessica n'établit pas sur l'instant de comparaison entre l'homme de la photo et le chauffeur de la 4 L.

– Les livres n'étaient pas très épais : cent à deux cents pages tout au plus. Lorsque l'homme a vu que je les regardais, il a cherché à les dissimuler, sans en avoir l'air, en les recouvrant d'une couverture écossaise rouge et blanc, raconte Jessica.

– Orange et noir, corrige Marilyn dans sa déclaration.

– Pendant que la voiture roulait sur la nationale – car notre chauffeur évitait les autoroutes, qui coûtent trop cher –, je regardais ses mains posées sur le volant, poursuit Jessica. Elles étaient propres et lisses, ce n'étaient pas les mains d'un travailleur manuel. A l'annulaire de la main gauche, il portait une chevalière gravée, mais je n'ai pas pu voir le motif. Au poignet, il avait une montre et un bracelet en métal doré.

En ce qui concerne les vêtements, Jessica est tout aussi précise : polo Lacoste jaune, jean blanc, chaussettes blanches, chaussures Nike blanches avec des parements gris et noirs.

– L'homme n'était pas très bavard, se souvient Marilyn. Il a échangé quelques mots avec Jessica qui était sur le siège avant à ses côtés. Il a demandé ce que nous faisions en France, mais je ne comprenais pas toute leur conversation.

– Des banalités, déclare Jessica, qui poursuit son inventaire. J'ai noté aussi une sorte de cartable ou d'attaché-case en cuir marron. Le conducteur l'a ouvert pour chercher de l'argent. Il en a sorti un portefeuille de grande taille, comme une pochette, où il a pris cent francs pour payer de l'essence à une station-service entre Marseille et Arles... (Jessica a vraiment l'œil à tout.) La voiture n'avait pas de radio. Les vitres arrière ne s'ouvraient pas, mais le véhicule était en bon état.

Comme nous n'avons pas emprunté l'autoroute, nous avons joint Arles-Avignon par la nationale. J'ai reconnu Avignon où j'étais déjà venue lors d'un précédent voyage. Nous sommes passés devant le palais des Papes, il a proposé de nous le faire visiter.

– Il était aimable et n'a pas eu de gestes déplacés pendant tout le trajet, remarque Marilyn.

– Après Avignon, il a pris la route de Nîmes. Je pensais que nous étions toujours sur le bon axe, reprend Jessica. Toutefois, alors que nous devions approcher de Nîmes, il a quitté la nationale pour s'engager sur de petits chemins qui serpentent à travers des vergers. Je lui ai demandé pourquoi, il nous a dit que nous allions cueillir des cerises. « Vous les aimez ? » nous a-t-il demandé. Nous avons répondu que nous n'avions pas faim.

L'homme s'arrête une première fois, se dirige vers les arbres, puis revient vers la voiture.

– Il vaut mieux aller plus loin. Les paysans habitent juste à côté, ils pourraient nous tirer dessus s'ils nous surprenaient. Je connais un coin plus discret.

La 4 L repart, toujours sur les petits chemins. Marilyn s'inquiète. Jessica, elle, croit qu'il veut vraiment cueillir des cerises.

– Les petites routes ? se souvient-elle. Je pensais que c'était l'itinéraire normal d'Avignon à Nîmes.

Lorsque la voiture quitte la chaussée goudronnée pour s'engager à l'intérieur d'un verger, Jessica commence à trouver que le conducteur a un comportement bizarre. Il se gare entre deux rangées de pommiers. Il est entre 20 h 30 et 21 heures, une heure à trois quarts d'heure avant qu'il ne fasse nuit.

– Je ne comprenais pas ce qu'il voulait, se rappelle Jessica. Il m'a pris le bras et m'a dit doucement : « Je ne te ferai aucun mal si vous faites exactement ce que je vous dis. » J'ai cru qu'il en voulait à notre argent. Je lui ai tendu mon sac. Il m'a repoussée et, tout d'un coup, il a dit sans hausser le ton : « Je vais vous violer. » Marilyn n'avait pas compris. J'ai traduit. Alors, elle s'est mise à crier, puis elle a tenté de sortir de la voiture, mais les portières étaient bloquées : d'un côté par les arbres, de l'autre par des ronces. Quand il a vu que Marilyn voulait fuir, l'homme a changé d'attitude ; il est devenu méchant, agressif. Il a donné une gifle à Marilyn. Puis, il s'est mis à crier à son tour : « Si vous m'énervez trop, je suis capable de vous tuer ! J'ai un couteau dans mon sac, je n'hésiterai pas à m'en servir si l'une de vous cherche à s'enfuir ! »

A l'évocation de cette scène, Jessica se met à pleurer. Une brève interruption s'ensuit. La jeune fille demande alors à s'exprimer désormais en anglais. L'interprète, Mlle Sudre, qui attendait dans une pièce voisine, est appelée. Jessica reprend son récit. La scène que décrit la jeune fille est hallucinante, à peine croyable. Les deux jeunes filles se retrouvent face à face à l'inconnu, dans l'espace exigu qu'offre l'habitacle de la petite voiture.

– Déshabillez-vous ! commande l'homme.

Jessica essaie de discuter avec lui, de retarder le moment où un geste de plus risque de déclencher le passage à l'acte. Elle se souvient d'avoir lu dans un livre que si la victime parvient à créer par la parole une relation avec l'agresseur, si elle réussit à éveiller en lui un soupçon de conscience, il peut renoncer à son projet. Pendant qu'elle tente de le convaincre, Jessica observe son agresseur. Son visage s'est transformé. Une crispation nerveuse, inquiétante, a remplacé le sourire aimable. Même la voix est différente. Les phrases qu'il prononce sont hachées, comme s'il venait de courir.

– Il passait par des hauts et des bas. Par moments,

il paraissait en colère, puis il se calmait. Un instant plus tard, il criait de nouveau. C'était très impressionnant. Nous étions terrorisées à l'idée qu'il puisse mettre ses menaces à exécution.

Sur la banquette arrière, Marilyn a une réaction violente, elle se bat avec l'homme, elle veut sortir. A plusieurs reprises, il la gifle violemment. De nouveau, il parle de prendre son couteau.

– J'ai compris que nous étions impuissantes à nous défendre, qu'il était inutile de nous démener, déclare Marilyn.

Désormais, elles sont à sa merci.

Mais trouble ? affolement ? Les deux étudiantes n'ont pas gardé le même souvenir de cette scène dramatique.

Version Jessica :

– Voyant que je ne pouvais pas le convaincre, je me suis déshabillée sans subir de violence ou de menace. Je me suis retrouvée nue sur le siège avant. Nos habits étaient par terre et mon blouson dans le coffre. Pendant ce temps, Marilyn, tremblant de peur, se déshabillait aussi. L'homme, en nous regardant, avait ôté son pantalon, son slip et ses chaussures. Il a gardé simplement son polo et ses lunettes de soleil.

La déclaration de Marilyn est assez différente :

– J'ai été la première à m'exécuter. Il était habillé... Seul, son sexe était visible... Il m'a donné l'ordre d'enlever ma culotte. Il m'a sodomisée, et ça m'a fait mal, très mal. Jessica ne pouvait rien tenter car elle était comme moi, paralysée par la peur...

Marilyn n'ira pas beaucoup plus loin dans son récit. Quelques phrases encore, et elle fond en larmes. Elle demande alors au gendarme d'arrêter l'audition. Elle ne peut plus parler.

– Je suis trop traumatisée, dit-elle.

Jessica, pour sa part, ira jusqu'au bout, décrivant une succession de scènes difficilement imaginables où, sous l'empire de la peur, l'homme a forcé ses victimes à lui obéir, les faisant passer de l'avant à l'arrière du véhicule, puis de l'arrière à l'avant, les pliant à sa volonté, à son désir. Il les tient tellement à sa merci qu'elles se laissent faire. Elles ont perdu toute faculté de réagir pour devenir de simples objets : l'agresseur, de ce fait, n'usera que très peu de violences, deux gifles, quelques coups de pied qui ne laisseront aucune trace. Curieux violeur, qui, lorsqu'il veut avoir des rapports disons normaux avec Marilyn, n'insiste pas quand elle lui apprend qu'elle est vierge. Une heure, une heure et demie passe avant que le calme ne revienne dans la 4 L verte.

– L'homme était apaisé, raconte Jessica. Mais une autre peur nous étreignait maintenant : nous redoutions qu'il nous tue, simplement pour supprimer des témoins. Ce qu'il disait ne nous rassurait pas : « Si vous portez plainte, je vous retrouverai, vous et votre famille, et alors... » En fouillant dans mon sac, il avait découvert mon adresse à Paris et celle de mes parents aux Etats-Unis.

Jessica est affolée. S'il ne la tue pas tout de suite, il risque de la poursuivre jusqu'à Paris ou même en Amérique. Ne voudra-t-il pas, alors, de nouveau abuser d'elle ? Mais bien vite, ces craintes cèdent la place à un autre sentiment : la colère, la rage d'avoir été soumise aux volontés de cet individu. « Il faut tout faire pour le retrouver et qu'il soit puni », pense-t-elle.

A mi-voix, elle dit à Marilyn d'essayer de mémoriser tout ce qui permettra plus tard d'identifier leur agresseur. Celui-ci paraît de nouveau nerveux, crispé.

– Je suis malade, explique-t-il aux deux filles, je devrais être soigné par un psychologue, mais je ne peux pas. On m'enfermerait, parce que j'ai tué trois personnes. Je suis devenu pervers par haine des femmes, vous n'êtes pas les premières que je viole...

– Il nous a conduites jusqu'à la route, puis, arrivés là, il m'a donné cent francs pour que nous puissions prendre un taxi jusqu'à Nîmes en nous disant qu'il y avait une fête dans la ville et que nous pourrions faire de mauvaises rencontres, poursuit Jessica. Après nous avoir recommandé de ne pas porter plainte, car il allait nous surveiller, il a démarré, nous laissant seules dans la nuit.

La dernière phrase de l'agresseur inquiète les deux jeunes filles.

– Il a dit qu'il allait nous surveiller. Il est sûrement allé garer sa voiture un peu plus loin et, de là, nous a observées, avouent-elles.

On entend à peu de distance un bruit continu de moteurs ; probablement une autoroute. A travers champs, elles courent dans cette direction. Elles sont à bout de souffle lorsqu'elles parviennent en bordure de l'autoroute, mais elles ne se croient pas encore sauvées. L'homme est peut-être toujours là, caché dans les buissons, ou alors il a fait le tour avec sa voiture et il va venir les rejoindre. Elles le voient partout et même, lorsque, de la borne 19, Jessica parlera à un gendarme, elles céderont à la panique et se jetteront dans les fourrés en apercevant une 4 L.

Jessica a terminé sa déposition lorsque deux souvenirs lui reviennent en mémoire. Il y avait trois vignettes sur le pare-brise du véhicule, deux rondes et une carrée, se souvient-elle. Le second souvenir sera plus important pour la suite de l'enquête. Selon Jessica, l'homme semblait bien connaître le coin. Il était arrivé au verger sans hésiter. La région aussi lui était familière car, tout en roulant, il décrivait les sites à visiter.

Avant de signer le procès-verbal, elle fait ajouter une phrase : « A un moment, il nous a avoué qu'il aimait bien cet endroit. »

2

Avant les auditions, Jessica et Marilyn ont téléphoné à Paris. On commence à s'inquiéter dans leur entourage. Le lundi soir, la logeuse de Jessica appelle la directrice du collège Alma, Cheryl Zeigler, pour lui signaler l'absence de sa pensionnaire.

– J'ai peur qu'il ne lui soit arrivé quelque chose, explique-t-elle à l'enseignante. Ce n'est pas dans les habitudes de Jessica de disparaître ainsi. Nous avons, elle et moi, des relations de confiance. Elle ne me cachait rien, semble-t-il, de ses petits secrets. Si elle avait un projet qui l'obligeait à s'absenter plusieurs jours, elle m'en parlait. Je ne comprends pas que, cette fois, elle ne m'ait rien dit. Cela ne lui ressemble pas.

Au cours de la soirée, Mme Zeigler reçoit un autre appel. Deux filles logeant dans la même pension que Marilyn s'étonnent de l'absence de leur camarade. Au milieu de la nuit, la directrice du collège se rend au commissariat de police de Sèvres, le plus proche de son domicile, pour signaler la disparition des deux étudiantes. Les policiers se bornent à enregistrer quelques renseignements, puis conseillent à Mme Zeigler d'attendre vingt-quatre heures. Si, d'ici là, elle n'a pas de nouvelles, qu'elle revienne au commissariat.

Le lendemain matin la logeuse de Jessica, la première, reçoit un appel téléphonique de Nîmes qui lui apprend que les deux jeunes filles ont été agressées et qu'elles sont à l'hôpital. Un peu plus tard, la directrice est informée à son tour par Jessica et Marilyn.

– Elles semblaient très choquées, se souvient-elle, elles m'ont priée d'envoyer quelqu'un pour venir les chercher. Les deux étudiantes qui habitaient dans la même pension que Marilyn sont aussitôt parties pour Nîmes afin de les raccompagner en train jusqu'à Paris.

Au cours de la même matinée, Jessica et Marilyn téléphonent à leurs familles aux Etats-Unis afin de les prévenir de l'agression. Les parents décident sur-le-champ de venir à Paris pour les épauler, puis de les ramener en Amérique. Dans la soirée, les gendarmes de Nîmes se rendent à l'hôpital Caremeau pour récupérer les sous-vêtements des jeunes filles et le billet de cent francs que l'agresseur leur avait donné pour prendre un taxi. Ce billet, Jessica dit l'avoir laissé avec ses dessous à l'hôpital. Mais tout a disparu – le billet, sur lequel on aurait pu, peut-être, relever des empreintes, et les sous-vêtements qui, portés aussitôt après les faits, devaient garder des traces des viols. Ces pièces à conviction n'ont pas été conservées, mais le Dr Neveu, qui a examiné les victimes, se souvient d'avoir mis les vêtements dans des sacs en plastique à l'intention des gendarmes.

– Une femme de service a dû les emporter et les jeter, suppose-t-elle.

Le 27 mai, les gendarmes remettent au parquet de Nîmes un rapport sur l'enquête qu'ils ont menée en flagrant délit, mais contre X, puisque l'auteur des faits n'a pas été retrouvé. Le rapport reprend les déclarations des deux jeunes Américaines, le récit qu'elles font des viols dont elles ont été victimes et les résultats des analyses constituant, selon les termes consacrés, « des indices graves et concordants de nature à motiver l'inculpation de X pour viol, crime prévu et réprimé par l'article 332, alinéa 2, du Code pénal ».

Les gendarmes reconnaissent par ailleurs que l'enquête en flagrant délit n'a pas permis jusqu'à ce jour de découvrir l'auteur des faits, mais, poursuivent-ils, « de nombreuses vérifications restent à effectuer ».

Au début d'une enquête, lorsque l'auteur d'un crime a réussi à s'enfuir, les policiers se trouvent souvent dans la situation d'une mouche qui se cogne à une vitre sans parvenir à atteindre la lumière.

Dans cette affaire, l'agresseur a, semble-t-il, laissé des indices intéressants, et les victimes, faisant preuve d'un remarquable esprit d'observation, ont fourni de lui un signalement assez détaillé. S'il s'agit d'un récidiviste, le portrait-robot qui a été dressé, sur les indications des victimes, devrait permettre à un policier ou à un gardien de prison de le reconnaître. C'est dans ce but que le portrait a été diffusé dans les commissariats, les brigades de gendarmerie et même dans les prisons. Il ne reste plus qu'à attendre.

Le second élément sur lequel comptent les enquêteurs pour identifier le criminel, ce sont les paquets de livres que les victimes ont remarqués à l'arrière de la voiture. Jessica en donne une description très précise : format de poche et couverture blanche. Le titre, commençant vraisemblablement par le mot « culpabilité », est imprimé à l'encre verte. En dessous, une photographie en noir et blanc d'un homme portant des moustaches et qui semble être, sinon l'auteur, du moins le héros du livre.

Les enquêteurs se mettent immédiatement en rapport avec le service Electre, de la Bibliothèque nationale, pour tenter d'identifier l'ouvrage. Leur attente est déçue : parmi toutes les œuvres actuellement disponibles, seize seulement ont un titre comportant le mot « culpabilité ». Les éditeurs sont contactés ; leur réponse est formelle : aucun des seize volumes répertoriés par Electre ne correspond aux indications fournies par les victimes.

Il va falloir chercher ailleurs, et ce sera plus long. Les distributeurs parisiens ont avancé l'hypothèse qu'il pourrait s'agir d'un ouvrage édité à compte d'auteur par un inconnu. La zone de diffusion paraissant être le midi de la France, c'est dans cette région que l'auteur et l'éditeur résideraient. Mais ce n'est pas la seule piste. Il arrive aussi que des sociétés, des associations philanthropiques éditent des livres ou des revues. Ceux-ci sont obligatoirement inscrits dans les préfectures dont dépendent ces organismes. L'un des enquêteurs rappelle qu'une de ces associations, s'occupant de la réinsertion d'anciens délinquants, a récemment édité des livres.

Cette recherche, qui élargit le champ des investigations, ne peut aboutir dans le court laps de temps que dure l'enquête en flagrant délit. Mais elle reste ouverte dans le cadre d'une autre procédure – probablement, la commission rogatoire que délivrera le juge d'instruction lorsqu'il sera désigné. De toute façon, ce livre existe. Il est, pour l'instant, le fil conducteur de l'enquête, le seul qui soit susceptible de mener les enquêteurs jusqu'au coupable.

3

Jessica et Marilyn, encore stressées par leur mésaventure, ont la joie de retrouver leurs parents venus des Etats-Unis les soutenir de leur affection. Le vendredi 27 mai, elles assistent en famille au dîner de fin de stage. Au cours de cette soirée, elles parlent pour la première fois à leurs camarades de l'agression dont elles ont été victimes. Elles sont encore très marquées par les deux jours qu'elles ont passés à Nîmes après le drame. L'hôpital, les examens, les auditions à la gendarmerie, elles ont vécu tout cela dans une tension qui, maintenant qu'elles ont retrouvé le calme, les laisse anéanties.

– Vous ne pouvez pas imaginer ce que nous avons subi ! confient-elles à leur directrice en lui recommandant de mettre les étudiantes en garde contre les dangers de l'auto-stop. Nous étions prévenues contre les risques qu'on peut courir aux Etats-Unis en voyageant ainsi. Nous ne pensions pas que c'était aussi dangereux en France.

La directrice les trouve encore très choquées. Elle dira aux policiers :

– Je les sentais sincères.

Quelques jours plus tard, Jessica et Marilyn regagnent les Etats-Unis avec leurs parents.

– Vont-elles revenir pour la suite de l'enquête ? demandent les gendarmes qui savent à quel point les jeunes filles désirent que l'auteur de l'agression soit mis en prison.

– Peut-être, mais ce n'est pas certain, répond Mme Zeigler. En tout cas, elles ont terminé leurs études en France.

Les Américaines reparties, l'enquête traverse une zone de silence. Cela ne veut pas dire qu'il ne se passe rien. Au contraire, ce sont souvent dans ces périodes-là que les policiers, se livrant aux opérations de routine, rassemblent les éléments qui vont leur permettre d'orienter leurs recherches.

Pour l'instant, la seule piste exploitable est celle des livres empaquetés dans du plastique que les plaignantes ont vus à l'arrière de la 4 L.

Seize ouvrages comportant les mots « coupable » ou « culpabilité » dans leur titre figurent dans la première liste communiquée par le service Electre. Parmi eux : *Coupable d'innocence*, de Roland Agret, *Un coupable idéal* de Roger Knobelspiess, *La Culpabilité en droit camerounais*, de Nicole Claire, *La Culpabilité*, de Marc Oraison, *Un coupable*, de Jean-Denis Bredin. Aucun ne correspondant à la description des victimes, les recherches se dirigent maintenant vers les associations susceptibles d'avoir édité à leur compte un livre qui traiterait d'un sujet relatif à la justice ou à la délinquance. La loi exige que soit fait un dépôt en préfecture de tout ouvrage édité, mais il arrive – oubli volontaire ou non – que ce dépôt ne soit pas effectué. La recherche risque donc de durer...

Pendant ce temps, les enquêteurs consultent les archives pour trouver qui, parmi les repris de justice déjà impliqués dans des affaires sexuelles, aurait le profil de l'agresseur dépeint par les victimes. Le fichier en contient une cinquantaine. Une deuxième sélection est opérée. Quels sont ceux qui fréquentent la région de Nîmes ? Qui pouvait s'y trouver le 23 mai 1988 ? La féria et le grand déplacement de population qu'elle entraîne n'excluent pas la possibilité que les viols soient le fait d'un individu venu assister à la fête. Cette hypothèse est écartée. L'agresseur a pris les deux jeunes filles en stop à Marseille vers 19 heures. Il n'était donc pas à la feria. D'autre part, selon les victimes, il connaissait très bien les lieux. Sur la route d'abord, il leur a montré les sites à visiter, puis, dans la pommeraie, il leur a avoué qu'« il aimait bien cet endroit ». « On comprenait qu'il y était déjà venu ! » en a déduit Jessica.

Cinq noms sont finalement retenus. Cinq noms, cinq photos qui seront présentées aux victimes dès que possible. Pour l'instant, la directrice du collège qui les a eues au téléphone ne pense pas qu'elles reviennent de sitôt en France. Les semaines passent. Le juge d'instruction, Christian Lernould, depuis plusieurs années en poste à Nîmes, a été chargé du dossier. Il a délivré aussitôt une commission rogatoire générale à la brigade des recherches de la gendarmerie de la ville qui a déjà mené l'enquête en flagrant délit.

L'enquête piétine. Les archives ont livré tous les renseignements disponibles. Seules les victimes pourront éventuellement reconnaître leur agresseur parmi les cinq hommes retenus. Par ailleurs, malgré une visite systématique des librairies, le livre reste introuvable.

A la mi-juillet, cependant, un coup de téléphone va mettre un peu d'animation dans les recherches. Jessica séjourne pour quelques jours chez ses amis à La Ciotat.

Le 15 juillet, un gendarme de Nîmes rencontre la jeune fille. Il lui montre les photos des repris de justice ressemblant au portrait que Marilyn et elle ont tracé de leur agresseur.

Déception. Jessica regarde longuement les documents anthropométriques et n'en reconnaît aucun.

– La photo n° 3, à la rigueur, dit-elle après avoir réfléchi un instant. Il y a des ressemblances, mais ce n'est pas l'homme qui m'a agressée. Le front était plus court, on pouvait mieux discerner les yeux, le visage était moins long. En définitive, le portrait-robot que j'ai établi se rapproche plus de l'auteur des faits, conclut-elle.

En revanche, Jessica se souvient de quelques bribes de la conversation qu'elle a eue avec l'agresseur.

– A aucun moment il ne m'a parlé de sa profession, mais il a précisé qu'il ne fumait pas et qu'il n'aimait pas les courses de taureaux, ou plus exactement les festivals à Nîmes.

(Elle veut dire la feria.)

Elle apporte aussi quelques précisions sur le livre. Elle en a même dessiné un schéma pour définir ses dimensions et ses caractéristiques. Elle explique qu'elle a lu au collège un livre de Robbe-Grillet, *Djinn*, aux Editions de Minuit, exactement du même format, selon elle.

Elle ajoute encore quelques détails sur le véhicule de l'agresseur et notamment sur l'éclairage intérieur : un plafonnier rond dont le cache en plastique était cassé. Elle pense, après y avoir longuement réfléchi, que la 4 L devait être dépourvue de plaque arrière. Elle n'en a pas vu, en tout cas. D'autre part, au cours des manœuvres dans le verger, elle a entendu des branches d'arbres frotter fortement la carrosserie. Selon elle, le véhicule doit porter la trace de ces éraflures.

Jessica quitte la gendarmerie en milieu d'après-midi pour aller rejoindre ses amis – qui ne seront pas entendus dans cette affaire. Des gens dont Jessica doit se sentir assez proche puisque, pour son premier retour en France, c'est chez eux qu'elle a choisi de séjourner. Ce qui rend encore plus étonnant le fait que, le 23 mai précédent, alors que les deux jeunes filles sont passées deux fois, à l'aller et au retour, à proximité de La Ciotat, Jessica n'ait pas envisagé de leur rendre visite. Peut-être ses amis n'étaient-ils pas dans leur maison à cette période-là. Dans ce cas, où habitent ces personnes ? Faisaient-elles partie de ces nombreux Marseillais qui ont une résidence secondaire dans cette petite station estivale ? Ces questions n'ont pas été posées à Jessica, ni au début de l'enquête, ni au cours de sa brève audition à la gendarmerie de La Ciotat.

Un mois passe. Devant les difficultés qu'ils rencontrent pour identifier le livre que les victimes ont si précisément décrit, les enquêteurs en ont conclu qu'il ne s'agissait pas d'un ouvrage distribué par les réseaux de vente habituels. Ils doivent donc se livrer à un travail de fourmi auprès des imprimeurs, des éditeurs, des libraires, des bibliothèques municipales, et cela de ville en ville. Partis de Nîmes, ils ont élargi leur champ de recherches.

Le 18 août, ils sont à Marseille. Avec leurs collègues de la brigade des recherches locale, ils contactent tous les professionnels concernés par la fabrication, la diffusion et la vente de livres. Ils ne trouvent rien. A la librairie Maupetit, sur la Canebière, l'une des plus importantes de la ville, le responsable fait le tour des rayons, consulte les catalogues. Toujours rien.

– Laissez-moi votre numéro de téléphone, dit-il aux gendarmes, il n'est pas impossible que je retrouve ce livre dans les stocks.

Ce porte-à-porte auquel les policiers se livrent depuis le début de l'enquête peut paraître fastidieux ; cependant, à leurs yeux, c'est le seul moyen de mettre la main sur ce livre jusqu'ici introuvable. Après avoir fui si longtemps, la chance, ce jour-là, va se mettre de leur côté.

A peine sont-ils revenus à la gendarmerie de Marseille qu'un coup de téléphone leur parvient. C'est la librairie Maupetit. Un employé de l'établissement, M. Renucci, à qui on a parlé de la visite des gendarmes, s'est souvenu d'avoir chez lui un livre correspondant à celui qu'on recherche.

– Vous souvenez-vous du titre ?

– Oui, très bien ! *Coupable à tout prix*. Il est écrit en caractères verts. L'ouvrage retrace l'affaire Luc Tangorre. Une photographie de ce dernier figure d'ailleurs sur la couverture. Entre midi et 14 heures, j'irai à mon domicile, je rapporterai l'ouvrage, vous pourrez venir le prendre au magasin à partir de 14 h 30.

« Cette fois, ça y est, nous tenons le bon bout ! » pensent les enquêteurs.

A 14 h 30, ils se rendent à la librairie Maupetit et saisissent officiellement le livre. Le procès-verbal de saisie porte le n° 900. C'est la neuf centième pièce du dossier – la première qui fasse bouger l'enquête dans une direction précise.

Tangorre ! Un coup d'œil au fichier... Mais bien sûr ! Pour un peu, les gendarmes se reprocheraient de ne pas y avoir pensé plus tôt !

Que dit la fiche ?

« Tangorre Luc, né le 13 février 1959 à Saint-

Etienne. Condamné le 24 mai 1983 par la cour d'assises des Bouches-du-Rhône à quinze ans de réclusion pour viols et tentatives de viols. Mis en liberté conditionnelle, le 15 février 1988, à la suite d'une grâce présidentielle réduisant sa peine de quatre ans. »

4

La première affaire Tangorre commence à Marseille le 12 avril 1981. Au cours de la nuit, une ronde de police, qui surveille les quartiers Sud, surprend, sur le boulevard du Prado, un homme d'allure jeune dont le comportement leur paraît suspect.

Dissimulé derrière les arbres, il semble attendre ou guetter quelque chose. C'est du moins l'impression des policiers. D'ailleurs, dès qu'il voit la voiture de patrouille, l'homme s'engouffre en courant dans la rue Daumier.

« Plus de doute, voilà un client qui a quelque chose à se reprocher », pensent les gardiens de la paix qui se lancent à sa poursuite.

Mais à peine arrivent-ils à l'angle de la rue Daumier qu'ils s'arrêtent, surpris. Loin de prendre la fuite, le jeune homme revient vers eux en trottinant. Ils l'interpellent, lui demandent ses papiers et découvrent alors que le garçon porte sur lui un couteau de cuisine enveloppé dans du papier journal.

– Je suis en train d'emménager, explique celui qui est en passe de devenir un suspect. Je n'avais pas de couteau pour découper la viande, j'ai pris celui-ci chez ma fiancée.

– Que faisiez-vous là ? Pourquoi êtes-vous parti en courant en nous voyant ?

– J'avais rendez-vous avec mon copain Eric qui devait venir avec deux filles. Ils étaient en retard, j'ai eu brusquement envie d'uriner, je suis sorti de ma voiture, et je suis parti en courant parce que j'avais laissé la clé de contact.

Les policiers examinent les papiers d'identité : Luc Tangorre, vingt-neuf ans, étudiant. Ils le regardent. C'est fou comme il ressemble au portrait-robot du violeur des quartiers Sud qui figure dans tous les commissariats marseillais : un jeune homme brun, portant moustaches, un mètre soixante-dix environ, l'accent marseillais et un « uniforme » – jean et tennis blanches. L'homme recherché a, de décembre 1979 à avril 1981, attaqué quinze jeunes femmes alors que celles-ci regagnaient leur domicile.

Ce que l'avis de recherche ne dit pas, c'est que le portrait-robot est celui de Guy P., que plusieurs victimes ont cru identifier. Appréhendé, Guy P. est parvenu à se disculper, mais on a gardé son portrait... il est tellement ressemblant !

C'est vrai qu'il lui ressemble, Tangorre ! Il est brun, il a des moustaches, il porte un jean et des tennis blanches, et il a un couteau sur lui. Le violeur n'a-t-il pas menacé d'un couteau plusieurs de ses victimes ?

– Pas de doute, les gars, c'est lui. Allez, on l'emballe !

Tangorre proteste :

– Attendez un moment, Eric va arriver, il vous expliquera tout...

– Il pourra aussi bien tout nous expliquer au commissariat. En route !

Un détour par le studio que le jeune homme est en

train d'aménager sur la Corniche. Une simple visite pour s'assurer, sans doute, que ce studio existe bien, et la voiture de police repart vers le commissariat.

Quelques questions qui ne font qu'aviver l'inquiétude du jeune homme.

– Pourquoi suis-je ici, que me reproche-t-on ? répète-t-il.

Pour toute réponse, il reçoit une gifle magistrale... qu'il rend à son auteur. Les autres s'en mêlent et lui administrent son premier passage à tabac.

On le conduit ensuite au commissariat central de l'Evêché. Les policiers l'enferment dans une cellule vide où, épuisé, il s'endort à même le sol.

Le lendemain matin, branle-bas de combat. Tangorre est conduit à l'anthropométrie puis dans une salle où cinq hommes – certainement des policiers – sont alignés sur une estrade : la parade.

Les policiers ont réussi à contacter onze victimes qui vont défiler tout au long de la journée. Une douzième viendra le lendemain matin. Un coup d'œil aux autres protagonistes de cette parade montre que Tangorre est, par rapport à eux, placé dans une situation particulière. Il porte le n° 1, la nuit qu'il vient de passer a laissé des traces. Alors qu'il est d'habitude tiré à quatre épingles, ses vêtements, ce matin-là, sont froissés et sales. De plus, Tangorre n'a pu ni se coiffer ni se raser, et il se présente hirsute au milieu des autres. Enfin, il est le seul qui soit chaussé de tennis blanches.

La majorité des victimes le reconnaît, d'autres doutent. Au cours de l'instruction, elles varieront dans les deux sens. Certaines se souviendront de la moustache, d'autres pas. Difficile, dans ce genre d'affaires, d'identifier formellement un individu qu'on a généralement à peine entrevu, souvent dans la pénombre, parfois même portant un casque, dans un moment d'intense émotion ou de panique. Finalement, six ordonnances de non-lieu sont prises, mais il reste onze agressions, dont quatre viols et une tentative de viol. Un lourd bilan dans l'acte d'accusation.

Luc Tangorre se plaint de l'instruction conduite par le juge Maestroni. Il l'accuse de faire traîner les auditions pour le maintenir en détention. A trois reprises, le magistrat rejette ses demandes de mise en liberté provisoire. Des incidents opposent le juge d'instruction au détenu qui lui reproche de manifester à son égard une attitude hostile.

Le jeudi 13 mai 1982, un nouvel incident se produit. Luc Tangorre est convoqué au palais de justice pour une confrontation. Patricia, sa fiancée, est venue spécialement d'Avignon, où ses parents demeurent, dans l'espoir de voir Luc. Le juge, selon le détenu, lui avait promis de l'autoriser à échanger quelques mots avec la jeune femme. Au dernier moment, il change d'avis. C'est trop. Tangorre craque.

– Treize mois d'injustices, une instruction qui n'en finit pas de « vérifier », aucun procès en vue... après treize mois ! expliquera-t-il plus tard à Gisèle Tichané, une jeune femme chercheur au C.N.R.S. et amie de la famille Tangorre, qui assiste les parents dans toutes les démarches administratives.

Elle écrira plus tard *Coupable à tout prix*, dévoilant les mécanismes qui ont conduit à l'erreur judiciaire.

Pour protester, Luc Tangorre entame une grève de la faim. Les parents, affolés, font appel alors à deux jeunes avocats, Jean et Anne Dissler. Ceux-ci font aussitôt le siège du juge qui promet d'achever l'instruction avant le 30 juin. Il s'engage également à intervenir auprès de l'administration pénitentiaire pour qu'on octroie un travail au détenu. Enfin, il délivre sur-le-champ un permis de visite permanent à Patricia.

On devine ce qu'a pu être l'angoisse du père et de la mère durant cette période : ils appellent au secours, demandent qu'on les aide pour éviter le drame.

– Sortir, mort ou libre, mais sortir à tout prix, leur a dit Luc.

La grève de la faim, la dépression qui mine Luc Tangorre, le chagrin, l'impuissance des parents et de Patricia ont tissé autour de la famille un réseau d'amitié d'abord, de soutien ensuite. Des amis, des proches mais également des personnes qui, comme les anciens professeurs du détenu, ont pu juger de son comportement interviennent auprès du magistrat instructeur. Ils témoignent de la personnalité du détenu, incapable, à leurs yeux, de commettre les actes qui lui sont reprochés et demandent qu'il soit mis en liberté provisoire.

Le juge n'en tient pas compte et rejette une cinquième demande. Luc Tangorre est alors au neuvième jour de sa grève de la faim, mais le magistrat considère que ce n'est qu'un moyen de pression pour forcer sa décision.

Les fidèles réunis autour des parents pensent qu'il faut trouver d'autres moyens pour alerter l'opinion. Une réunion est organisée le 24 mai. Des étudiants de l'Ecole d'éducation physique, camarades de Luc Tangorre, y participent et adhèrent au comité de soutien. En revanche, aucun journaliste n'est présent. Les participants décident de se rendre dans les rédactions du *Provençal* et du *Méridional* pour déposer une motion.

Le Provençal publie le lendemain un petit article consacré à ce jeune homme qui, « selon le comité de défense, serait victime d'une ressemblance » et à l'action du comité qui, solidaire de Luc Tangorre, demande « qu'il soit jugé rapidement ou remis en liberté ». Le rédacteur de l'entrefilet conclut en soulignant que « la conviction des membres du comité de soutien ne semble guère partagée par M. Maestroni, le juge d'instruction chargé de ce dossier, dont on connaît la rigueur et le respect du droit de la défense ».

Lorsque l'affaire se dénoue, Luc Tangorre jeûne depuis vingt-sept jours. Il est si affaibli qu'il faudra que des détenus le portent jusqu'au parloir des avocats lorsque Anne Dissler viendra lui annoncer les décisions du juge Maestroni. Le 9 juin, Luc cesse sa grève de la faim.

La suite de l'instruction se déroulera plus calmement. Toutefois, le courant ne passera jamais entre le magistrat et le détenu.

Le procès qui s'ouvre un an plus tard, le 19 mai 1983, devant la cour d'assises des Bouches-du-Rhône sous la présidence de M. Brousse, conseiller à la cour, donne lieu dès le début à un incident violent. Il est évident que, lu à haute voix par le greffier, l'acte d'accusation se révélerait accablant pour l'accusé. Luc Tangorre, imaginant l'effet désastreux qu'il produirait sur les jurés et le climat défavorable qui en découlerait, envisage d'intervenir dès l'ouverture des débats. Aussitôt que le président Brousse entame l'interrogatoire, l'accusé l'interrompt :

– Avant de répondre à vos questions, j'ai des choses à dire !

Ce genre d'interruption n'est pas dans les habitudes de la cour d'assises. Le président le fait remarquer à Tangorre :

– Vous devez répondre à nos questions !

– Si l'on ne me donne pas la possibilité de m'exprimer, j'aime mieux retourner dans ma cellule.

– Le procès peut se dérouler sans vous ! rétorque le président, agacé par l'attitude agressive de l'accusé.

Celui-ci se lève, franchit la porte de la salle d'audience, poursuivi par les policiers qui le rattrapent, lui passent les menottes et le conduisent dans une petite pièce en attendant la décision de la cour. Les avocats Anne et Jean Dissler, auxquels se sont joints Mes François Chevallier et Paul Lombard, essaient de raisonner leur client. Mais quels mots peuvent calmer un homme qui se voit frustré d'une intervention dans laquelle il voulait crier tout ce qu'il a vécu, ressenti depuis vingt-six mois, révéler les incompréhensions, les refus d'écouter, les décisions arbitraires accumulés depuis vingt-six mois ? A ses yeux, c'était la seule façon qui lui restait de démontrer son innocence. Il ne sait pas qu'un procès d'assises est comme une pièce de théâtre. Chacun doit y jouer son rôle et, surtout, ne pas empiéter sur le texte de l'autre. Le président doit être paternel et sévère, le procureur répressif, les avocats tour à tour chaleureux ou irritants, le greffier neutre et l'accusé, ah ! l'accusé... repentant, forcément, compréhensif, prêt à accepter le châtiment, déjà victime expiatoire. Toute velléité de rompre l'ordonnance des débats apparaît comme un crime de lèse-justice. Cela, Tangorre l'ignore. Comment pourrait-il le savoir puisque c'est la première fois qu'il entre dans un prétoire. D'ailleurs, même s'il était averti, abandonnerait-il son projet d'intervenir ? Ceux qui l'ont rencontré depuis le début de l'affaire sont conscients qu'il a besoin d'expliquer, de démontrer, de prouver ce qu'il avance. C'est un insatiable plaideur. Mais, en cour d'assises, plaider n'est pas du domaine de l'accusé !

Ce qu'il oublie aussi, Luc Tangorre, c'est qu'il est le point de mire de toute la salle : les juges, les jurés, le public, les journalistes... Tout le monde passe son comportement au crible, chacun donne son jugement avant l'heure : qu'il reste silencieux, il est qualifié d'indifférent, absent des débats ; qu'il hurle son innocence, il révèle son caractère profond, sa violence, sa double personnalité.

– Cela dérange donc à ce point lorsqu'un homme refuse d'endosser la responsabilité de crimes qu'il n'a pas commis ? demande l'accusé.

Oui, sans doute, à voir comment la presse, le lendemain matin, juge sévèrement l'éclat du début d'audience. Tangorre apparaît comme un coupable plausible, au point qu'on en oublie que, s'il est innocent, il est normal qu'il ait réagi avec autant de violence.

Le reste ? Le défilé des témoins, les parents toujours si émouvants, les victimes... Deux ans ont passé... les unes accusent, d'autres hésitent.

Avec le psychologue, Raphaël Djian, la cour va entrer un instant dans un univers surréaliste. M. Djian a soumis Tangorre au « test du village ». Ce test consiste à faire dessiner un village par le patient et à étudier l'emplacement qu'il attribue aux principaux bâtiments qui le composent. Tangorre a situé la bergerie en dehors du village. Or, la bergerie symbolise le personnage de la mère, la placer en dehors du village, selon l'expert, indique un rejet de l'image maternelle.

On s'agite sur les bancs de la défense. Le président demande des explications à Raphaël Djian. Un avocat lance :

– Tout esprit rationnel placerait la bergerie à l'écart du village, parce qu'elle pue !

Les policiers viennent ensuite à la barre. L'un d'eux signale que le violeur des quartiers Sud ne s'est plus manifesté depuis l'arrestation de Tangorre. Ce qui laisse entendre qu'il est bien le coupable. La deuxième journée, celle du vendredi, permet d'épuiser le défilé des témoins puis, comme on entre dans le week-end de Pentecôte, les débats ne reprendront que le mardi suivant.

D'entrée, la partie civile prend la parole. Récusant les alibis, les avocats évoquent le Dr Jekyll, Mr Hyde et même le Dr Goebbels pour démontrer la culpabilité de Tangorre. L'avocat général Pascal pense qu'en niant tout il joue une partie de poker.

– Si vous l'acquittez, il vous aura eus, lance-t-il aux jurés en réclamant une peine de quinze ans de réclusion criminelle.

Les avocats, enfin ! Anne Dissler plaide la première. C'est elle qui connaît le mieux Tangorre, mais, submergée par l'émotion, elle craque au moment où elle aborde la personnalité de l'accusé. François Chevallier, Jean Dissler puis Paul Lombard dissèquent et démontrent l'invraisemblance du dossier, rappellent les alibis.

Me Lombard conclut :

– Ou vous êtes en présence d'un procès qui bat tous les records de faux témoignages ou bien, si vous n'en déduisez pas cela, le ministère public n'ayant poursuivi aucun de ces témoins, vous êtes obligés d'acquitter Luc Tangorre.

A l'énoncé du verdict – quinze ans de réclusion criminelle –, des incidents éclatent. Joseph Tangorre, s'adressant aux juges, s'écrie : « Vous êtes fous ! » avant de perdre connaissance.

Patricia s'écroule à son tour, tandis que Joseph Tangorre, emporté par les policiers, maudit la cour d'assises d'une voix brisée par la douleur. On appelle les pompiers pour remettre tout le monde sur pied. Pendant ce temps, un fourgon ramène Luc Tangorre à la prison des Baumettes. Que ressent-il alors ?

Il le raconte à Gisèle Tichané :

– Une sensation violente, comme si tout mon être refusait ce qui m'arrivait, incapable d'une quelconque réaction, abasourdi, totalement paralysé par l'intensité du choc... J'étais au bord de l'évanouissement, de l'asphyxie...

Dès le lendemain, le climat change. Dans la presse, plusieurs chroniqueurs judiciaires estiment que les débats n'ont pas apporté la preuve de la culpabilité de Luc Tangorre. « Après les plaidoiries de la défense, écrit notamment Paul Teissere dans *La Marseillaise*, on n'entrevoyait plus de vérité suffisante pour justifier une condamnation.

Bien qu'atteinte d'un mal qui devait l'emporter quelques années plus tard, Gisèle Tichané n'épargne ni son temps ni sa peine. Elle relève dans le dossier et au cours des débats « la fragilité des reconnaissances et le forcing des enquêteurs pour amener les victimes à reconnaître Tangorre, les négligences de l'enquête et de l'instruction, les retards du juge, l'incohérence des décisions judiciaires ». Cet ensemble d'éléments constitue à ses yeux le mécanisme de l'erreur judiciaire. Plus tard, Gisèle Tichané, qui reste en contact avec la famille Tangorre, réunira ses notes pour en faire un livre. Ce sera *Coupable à tout prix*. Joseph Tangorre, pour sa part, continue à animer le comité avec elle. Depuis le procès, il s'est créé plusieurs antennes un peu partout en France. Chacune à sa manière se propose d'aider à faire reconnaître l'innocence de Luc Tangorre. Le procès qui s'est achevé sur une lourde condamnation a joué en sa faveur. Pour beaucoup de gens, il paraît victime d'un acharnement judiciaire suspect.

5

Pierre Vidal-Naquet intervient dans l'affaire au cours de cette période. Directeur d'études à l'Ecole des hautes études en sciences sociales, historien de réputation internationale, Pierre Vidal-Naquet a eu une attitude courageuse au moment de la guerre d'Algérie. Il a publié chez Jérôme Lindon *L'Affaire Audin* (Audin, mathématicien et communiste disparu pendant la bataille d'Alger, avait été étranglé par un officier parachutiste français). C'est aussi un spécialiste de l'affaire Dreyfus et de la Résistance. Il vient d'achever *Le Trait empoisonné : la vérité sur Jean Moulin.*

Dans la postface du livre de Gisèle Tichané, il raconte comment il a été amené à s'engager aux côtés du prévenu.

« C'est pendant l'été 1983, à Marseille, que j'entendis pour la première fois prononcer le nom de Luc Tangorre. Un de mes neveux, étudiant en gymnastique à l'U.E.R. de Luminy, me raconta l'histoire de son camarade qu'il connaissait depuis des années, un garçon, me dit-il, gentil, boute-en-train, aimé de tous, et qui s'était tout à coup retrouvé victime d'une incroyable accusation : viols et attentats à la pudeur, avant d'être condamné par la cour d'assises à quinze ans de réclusion criminelle. Luc Tangorre n'avait pas avoué mais il avait été reconnu par bon nombre de "ses" victimes. Personne, pourtant, autour de lui ne le croyait capable de ces forfaits. Mon neveu avait fait partie du comité de soutien qui s'était constitué. La fiancée de Luc Tangorre faisait elle-même partie de ce comité. Luc Tangorre, me dit-il, était tout sauf un frustré. Oui, l'affaire était proprement incompréhensible. »

Pierre Vidal-Naquet entre en contact avec Luc Tangorre, puis avec Gisèle Tichané qui travaille sur le dossier. Après en avoir pris connaissance, il déclare :

« Ce qui est redoutable dans l'erreur [judiciaire], c'est qu'elle ressemble à la vérité. Voici un jeune homme qui est arrêté avec, à l'intérieur de son blouson, un couteau de cuisine. Est-ce pour un usage pacifique, est-ce pour menacer une éventuelle victime ? Il ressemble au portrait-robot de l'agresseur. Ressemblance ou identité ? Des femmes qui ont subi d'abominables violences le reconnaissent. L'avaient-elles vu ou avaient-elles vu un autre ? A chaque pas, on est, effectivement, sur un terrain glissant... Toutes ces questions, on nous fera l'honneur de croire que Gisèle Tichané se les est posées, que je me les suis posées, moi aussi... J'hésitais entre deux conclusions : la première était que, quelle que soit la vérité, l'accusation n'avait pas fait la preuve de la culpabilité de Luc Tangorre, la seconde était qu'il était possible de prouver son innocence. C'est cette seconde conclusion que je prends à mon compte aujourd'hui, et c'est mieux pour Luc Tangorre. »

L'intérêt que Pierre Vidal-Naquet porte au dossier attire l'attention d'un certain nombre de personnes attachées aux problèmes de justice, mais aussi d'une partie de l'opinion.

Le frère de l'historien, François, est avocat à Marseille. Pierre lui demande de jeter un coup d'œil sur le dossier. François se souvient :

– Le dossier comportait de nombreuses invraisemblances, mais aussi des éléments accablants que Tangorre réfutait avec une logique implacable. Innocent, il l'était tout au long du dossier. Dans chaque réponse qu'il apportait aux accusations des policiers, du juge d'instruction, mais aussi de plusieurs des victimes qui le reconnaissaient, Tangorre s'expliquait sans que le moindre écart ni la moindre contradiction apparaisse dans ses propos.

François Vidal-Naquet va voir Luc Tangorre aux Baumettes et se trouve en face d'un garçon sympathique, affable et déterminé à lutter pour que son innocence soit démontrée.

– Si on l'avait obligé à reconnaître les faits, il aurait eu le sentiment de perdre son âme, note l'avocat qui accepte de participer aux instances judiciaires à venir, conjointement avec Paul Lombard.

Le 10 novembre 1983, la cour de Cassation rejette le pourvoi formé par Tangorre et ses défenseurs au lendemain du procès d'Aix-en-Provence. Seule une demande de révision peut désormais permettre de revenir, à l'issue de nouveaux débats, sur la peine prononcée.

Pas une seule preuve, pas d'aveux, des procès-verbaux qui ne montrent qu'un homme étranger à l'affaire dans laquelle on veut l'impliquer.

– Certes, reconnaît Pierre Vidal-Naquet, Gisèle Tichané l'a montré : les reconnaissances n'ont pas été unanimes, ni toutes catégoriques, mais elles n'en constituent pas moins un ensemble impressionnant, et c'est, à l'évidence, cet ensemble qui a convaincu les jurés d'Aix-en-Provence. Or, il faut le redire avec force, pas une de ses victimes n'a donné sur le physique de l'agresseur un de ces petits détails qui pourraient emporter la conviction, en correspondant à ce qu'on peut lire sur le corps de Luc Tangorre. Des terribles cicatrices qu'il porte au bras droit, visibles encore aujourd'hui, pas une victime n'a fait mention. Personne, hélas, ne leur a posé à ce sujet la moindre question !

Gisèle Tichané et Pierre Vidal-Naquet vont aider l'opinion à comprendre que le dossier Tangorre n'a pas été instruit en donnant à l'accusé toutes les garanties prévues par la loi.

Après le rejet du pourvoi formé devant la cour de Cassation, le cas Tangorre va intéresser les médias. Et si Tangorre était victime d'une erreur judiciaire ? Cette question va se répéter dans les journaux et les hebdomadaires, à la télévision où Michel Polac consacre un « Droit de réponse » à « l'affaire ». Le directeur des affaires criminelles au ministère de la Justice, M. Bruno Cotte, participe à cette émission ainsi que Jean-Denis Bredin et Pierre Vidal-Naquet. Indiscutablement, un courant se forme en faveur de Luc Tangorre. Dominique Baudis, Gaston Deferre, André Labarrère, Pierre Bérégovoy, Charles Hernu, Jean-Claude Gaudin interviennent auprès du garde des Sceaux pour demander la révision du procès. Alain Peyrefitte, ancien garde des Sceaux, se déclare également favorable à cette révision. Le mouvement pro-Tangorre prend corps. Dès l'automne 1986, le condamné obtient sa première permission trimestrielle de sortie. Son comportement va étonner son entourage. Il profite de l'intérêt que les médias portent à son affaire pour galvaniser les membres du comité de soutien. Il fait ça très bien. Il a le contact facile, il sait convaincre et il connaît son dossier sur le bout du doigt.

– Un quart d'heure en sa compagnie, raconte un journaliste marseillais, et l'on ne pouvait plus douter de son innocence !

– Mais, fait-on remarquer du côté de l'accusation, les « aveux » d'innocence ne sont-ils pas aussi fragiles que les aveux de culpabilité ? Tangorre n'est-il pas un paranoïaque ? Tout tend à le prouver : il a toujours raison ! Il ne change rien à ce qu'il considère comme la vérité : son innocence. Par ailleurs, il prend plaisir au mouvement qui se crée en sa faveur et qui fait de lui une vedette. S'il y a récidive un jour, c'est là qu'il faudra rechercher les causes.

En tout cas, le permissionnaire rencontre de plus en plus de gens, donne des interviews, parle à la radio, à la télévision. La commission d'application des peines se fâche et le prive de permissions pendant six mois. Ses membres estiment que le comportement du détenu n'est pas compatible avec les engagements qu'il a pris envers l'administration pénitentiaire.

Depuis qu'il s'est penché sur le cas de Luc Tangorre, Pierre Vidal-Naquet a entrepris diverses actions auprès de personnalités du monde judiciaire et politique. En premier lieu, il rencontre le garde des Sceaux. L'historien le connaît bien, Robert Badinter a assuré sa défense dans le procès qui lui était intenté pour son livre sur l'affaire Audin. Le garde des Sceaux n'est pas favorable à une intervention directe sur un cas déjà jugé alors qu'aucun fait nouveau n'est intervenu.

A l'Elysée, dans l'entourage du président de la République, Paulette Decraene semble plus sensible à la thèse de Pierre Vidal-Naquet. Elle fait procéder à un examen du dossier. Le rapport qu'elle reçoit confirme sa première opinion : Luc Tangorre est peut-être victime d'une erreur judiciaire. Paule Dayan, magistrate et conseillère du Président dans le domaine judiciaire, ne partage pas ce point de vue. Elle considère qu'il n'y a pas matière à revenir sur le jugement.

Robert Badinter, de nouveau sollicité, n'a pas changé d'avis. Il consent toutefois à charger le procureur général d'Aix-en-Provence de procéder à une nouvelle étude de l'affaire Tangorre. Les conclusions de ce magistrat sont formelles : rien ne lui semble justifier qu'on revienne sur la chose jugée.

La situation paraît bloquée. Pierre Vidal-Naquet pense alors qu'un appel à l'opinion est le seul recours susceptible de faire bouger les choses. Le texte préparé commence ainsi : « Vous mesurez environ un mètre soixante-dix, vous êtes brun, moustachu, âgé de vingt à vingt-cinq ans, vous portez parfois un blouson, des jeans et des tennis blanches, et vous n'avez personne d'autre que vos proches pour justifier de votre emploi du temps à 2 heures du matin... Vous êtes peut-être, vous aussi, "le violeur des quartiers Sud de Marseille" et vous pourriez être en prison depuis trois ans !... »

Les auteurs de ce document, après avoir examiné les questions que pose l'affaire, demandent en conclusion au garde des Sceaux de « suspendre, comme il en a le pouvoir, la peine frappant Luc Tangorre » et ajoutent : « Si la justice refuse de se confondre avec la vérité, nous demandons au président de la République d'annuler, en prononçant la grâce de Luc Tangorre, l'effet d'une décision injuste. »

Trente-trois personnalités, essentiellement des universitaires, des écrivains, des journalistes, signent le document, publié le 25 janvier 1985 par le journal

Le Monde sous le titre : « Le viol est un crime, l'erreur judiciaire aussi ! »

Quelques jours plus tard, le directeur des affaires criminelles fait savoir, par une lettre datée du 18 février, qu'il ne sera pas donné suite à la requête en révision déposée le 3 août 1984.

Le garde des Sceaux décide alors de demander, à titre exceptionnel, au procureur général de la cour de cassation de former un pourvoi dans l'intérêt de la loi contre l'arrêt du 24 mai 1983 en raison de violations de droit commun par la cour d'assises.

Le 9 octobre 1986, ce pourvoi est déclaré irrecevable par arrêt de la chambre criminelle de la cour de cassation. Que faire désormais ? Paulette Decraene n'a pas changé d'avis. Elle partage la thèse de Pierre Vidal-Naquet : Luc Tangorre est très probablement innocent des faits pour lesquels il est en prison. On débat de la conduite à suivre avec François Vidal-Naquet, Jean-Denis Bredin et Paul Lombard. Le seul, l'ultime espoir de permettre à Luc Tangorre de retrouver la liberté est de solliciter la grâce présidentielle.

François Mitterrand, consulté, n'y est pas opposé.

Les défenseurs rédigent une demande articulée autour des principaux points litigieux du dossier et de deux faits nouveaux découverts depuis le procès des assises.

Les faits nouveaux, d'abord. Au cours du procès, le ministère public a souligné l'importance des « présomptions de grande valeur résultant d'une analyse comparative de terre ». L'examen portait sur deux prélèvements – l'un pratiqué sur des traces retrouvées sur un revolver-jouet découvert chez Tangorre, l'autre sur des échantillons pris autour d'un monument aux morts, sur les lieux où l'une des victimes a été agressée. En déclarant que les deux prélèvements présentent la même teneur en baryum et donc proviennent vraisemblablement d'un seul et même lieu, l'expert apporte un argument de poids à l'accusation. Une contre-expertise demandée par la défense est refusée par le juge d'instruction. Aussitôt après le procès, les défenseurs chargent le Pr Arnoux de procéder à cette contre-expertise. Non seulement les résultats obtenus sont diamétralement opposés à ceux du premier expert, la terre prélevée sur le revolver ne correspondant pas à celle trouvée autour du monument aux morts, mais encore le Pr Arnoux dénonce « de graves erreurs de méthodologie » dans l'expertise judiciaire.

Deuxième fait nouveau, également troublant : la plainte déposée par un habitant de la rue Aviateur-Le-Brix, à Marseille – où Luc Tangorre a habité –, contre un gardien de prison des Baumettes qu'il accuse d'attentat à la pudeur sur sa fille mineure permet de constater que le suspect présente une étonnante ressemblance physique avec Luc Tangorre et avec le portrait-robot à partir duquel Tangorre a été reconnu par les policiers. Le gardien de prison a bénéficié d'un non-lieu, mais la preuve est ainsi apportée que dans un même secteur une ou plusieurs personnes pouvaient ressembler à ce portrait-robot, ce qui serait à même de remettre en cause les « reconnaissances » effectuées par les victimes. A ces faits nouveaux s'ajoutent les observations que les avocats apportent au dossier.

1. Luc Tangorre ressemble énormément à l'agresseur. Il ne saurait en être autrement puisque, précisément, il a été arrêté en raison de sa ressemblance avec le portrait-robot de l'agresseur.

2. La police a semble-t-il tout fait pour placer chacune des victimes en situation de reconnaître Tangorre. Il a été présenté, seul, à plusieurs victimes avant la parade. La police a ainsi réussi à faire reconnaître Tan-

gorre par des personnes qui, manifestement, avaient été les victimes d'un autre agresseur. En revanche, l'instruction n'a pas retenu dans les descriptions que des victimes faisaient de l'agresseur ce qui ne correspondait pas à Tangorre. Selon plusieurs de ces femmes, leur violeur avait des yeux foncés – Tangorre a les yeux clairs – ou ne portait pas de moustaches. Qu'importe, elles seront amenées à reconnaître Tangorre même si elles doivent lui ajouter une moustache !

3. Même méthode pour les vêtements. On retient ce qui accuse Tangorre : casque intégral blanc, blouson bleu foncé, anorak bleu, imperméable kaki, tennis blanches, mais on élimine ce qui peut l'innocenter : gants noirs, cagoule claire, chemise à carreaux, sweat-shirt à rayures claires, blouson de cuir noir, doudoune épaisse et pantalon de velours noir. Vêtements décrits par les victimes, mais que Tangorre n'a jamais possédés.

4. Tangorre portait un couteau sur lui lorsqu'il a été arrêté. Un revolver factice de couleur noire a été retrouvé à son domicile. Or, plusieurs victimes ont été menacées d'un revolver et verbalement d'un couteau. L'instruction n'a pas tenu compte du fait que plusieurs agressions ont été commises alors que Luc Tangorre n'était pas encore en possession de ce revolver, que l'arme décrite par les victimes présentait pour les unes « un canon long », pour d'autres était « couleur métal ». Cependant, aucune des victimes ne signale que l'extrémité du canon était peinte en rouge. Quant au couteau, aucune des victimes ne l'a vu.

5. Tangorre possédait un cyclomoteur de couleur grise et une 2 CV Citroën acquise en janvier 1981. L'instruction n'a pas tenu compte de la diversité des témoignages pour ce qui concerne le cyclomoteur. Une femme parle de « moto légère modèle sport », une au-

tre d'un cyclomoteur de couleur verte, puis beige, une troisième d'un « tout-terrain genre Enduro », une autre encore d'un cyclomoteur de couleur claire. Aucune de ces descriptions ne correspond au cyclomoteur de Luc Tangorre. Quant à la 2 CV utilisée par l'agresseur en décembre 1980, elle ne peut être celle de Tangorre puisqu'il n'a acheté son véhicule qu'en janvier 1981.

6. L'accusation prétend que Tangorre n'a fourni aucun alibi indiscutable. En vérité, elle a systématiquement éliminé les témoignages qui n'allaient pas dans le sens de sa thèse. Or, pour onze agressions, Tangorre se trouvait en compagnie de personnes qui en ont témoigné sans que l'instruction en tienne compte. Enfin, la demande de grâce fait état de l'abandon pur et simple de certains éléments recueillis au cours de l'enquête. Ainsi, la paire de gants noirs oubliée par l'agresseur dans la voiture de l'une des victimes n'a pas été essayée au suspect. Délibérément, on ne cherche pas à savoir si la pointure de ces gants – qui sont les seuls objets retrouvés ayant appartenu à l'agresseur – est celle de Luc Tangorre. Trop grands ou trop petits, ils auraient apporté la preuve qu'ils ne lui appartenaient pas et qu'il n'était donc pas l'agresseur.

Le dépôt de la demande de grâce entraîne une enquête de personnalité sur Tangorre. Le Président et ses conseillers veulent s'assurer que son comportement n'est pas incompatible avec un retour à la vie publique. Des magistrats, des éducateurs, des aumôniers de prison invités à parler de Luc Tangorre, de son état d'esprit, de sa mentalité, se déclarent dans leur grande majorité favorables à la grâce. Le comité de soutien accentue son action. De nouvelles personnalités sont venues le rejoindre. Claude Mauriac écrit dans *Le Matin* un article intitulé : « De grâce, monsieur le président », Marguerite Duras et Françoise Sagan prennent position publiquement en faveur du détenu.

L'enquête de personnalité terminée, le principe de la grâce présidentielle est retenu. Reste à définir sur quelle partie de la peine il va s'exercer. Il n'est pas question que la grâce couvre les sept années de prison que Tangorre doit encore accomplir. Il faut cependant que la décision présidentielle permette au détenu de retrouver rapidement la liberté. Albin Chalandon, qui, avec l'arrivée du gouvernement Chirac, a remplacé Robert Badinter au ministère de la Justice, estime « qu'il est de l'honneur de la justice de reconnaître ses erreurs quand c'est le cas ».

Même si certains partisans de la grâce considèrent que les erreurs judiciaires reposent plus sur la forme que sur le fond, leur seule reconnaissance implique une prompte libération du condamné. Le reste n'est plus que simple arithmétique.

Simple est une façon de parler : Tangorre a accompli à peu près la moitié de sa condamnation, il a donc droit à une remise de peine fixée par le juge d'application et qui ne doit pas excéder trois mois par année d'incarcération. Il a accompli sept années de prison. Si le juge l'accepte, il peut bénéficier d'une remise de peine de vingt et un mois. Comme il est un délinquant primaire, c'est-à-dire qu'il n'a jamais été condamné, il peut également obtenir une libération conditionnelle. Une grâce présidentielle de quatre années de prison permettrait alors, en ajoutant les vingt et un mois de remise de peine et les quinze mois de libération conditionnelle, de libérer Luc Tangorre au bout de sept ans et demi de prison, soit à la moitié de la peine de quinze ans de réclusion à laquelle il a été condamné.

La grâce présidentielle est accordée, la chancellerie

fait le reste. Luc Tangorre sort de la prison de Muret le 15 février 1988.

Des amis du comité de soutien sont venus l'accueillir. Certains, comme Jean-Paul Joachy qui lui offrira l'hospitalité à Lyon le temps de trouver un appartement, ou Claire-Lise Foiret, une enseignante d'Albi, dynamique et enthousiaste, ne le connaissent que par les lettres qu'ils ont échangées. La presse, présente également, attend les premiers mots de Luc Tangorre. « Pas de liberté sans honneur. » Sur le terre-plein, devant la grande porte de la prison, il découvre de nouveau qu'il est un personnage médiatique.

Pour l'instant, alors qu'on le congratule, qu'on l'embrasse, il semble un peu absent, comme si l'air de la liberté l'enivrait. Il va de l'un à l'autre, un sourire aux lèvres.

– J'étais déphasé, se souvient-il. Sortir de prison pour se retrouver libre, c'est changer d'univers. On est infantilisé, en détention : pas de clés, pas d'argent, aucune des responsabilités de la vie quotidienne. On est totalement pris en charge. Pendant sept ans, j'étais resté immobile dans ma tête. Depuis mes premières permissions, j'avais découvert que le monde avait bougé : on avait instauré les cartes bancaires, les fast-foods où il fallait payer son repas avant de manger. Tout ça était nouveau pour moi, nouveau et insolite. Je mesurai alors le temps perdu et décidai de mettre les bouchées doubles pour me réinsérer dans le bon peloton.

6

Huit mois à peine ont passé et voilà Tangorre de nouveau impliqué dans une affaire de viol qui remonte à mai, trois mois après sa sortie de prison.

– Comment est-ce possible ! se demandent ceux qui ont cru à son innocence.

Pour les enquêteurs, en tout cas, il n'y a pas de doute : l'affaire est dans le sac ! Il ne s'agit plus que de retrouver Tangorre.

« Allez-y doucement », ont recommandé les officiels qui craignent que le comité de soutien, qui s'est montré si efficace dans la première affaire, ne profite de la moindre brèche pour contester la deuxième enquête.

Luc Tangorre est rapidement localisé.

A sa sortie de la maison centrale de Muret, il a donné une adresse, 11, rue Bouteille, à Lyon, chez Jean-Paul Joachy. Les enquêteurs s'y rendent mais ne trouvent personne, ni Joachy, ni Tangorre. Celui-ci a-t-il fourni une fausse adresse ? Ou bien le fonctionnaire qui l'a transcrite a-t-il fait une erreur ?

Luc Tangorre ne se cache pas. On trouve son adresse

par Minitel. Il habite bien Lyon, où il gère un commerce de tabac, bimbeloterie et journaux à l'enseigne Le Marigny, 20, place Carnot. On consulte le registre du commerce. Le Marigny a été inscrit trois semaines auparavant sous le nom de Maria Tangorre, née Piazza, la mère de Luc.

Les gendarmes organisent alors une surveillance autour du magasin afin de photographier les personnes qui l'exploitent. Ils pourront ainsi vérifier si, parmi elles, figure quelqu'un ressemblant au portrait-robot établi sur les indications fournies par les deux Américaines ainsi qu'au signalement qu'elles ont donné de leur agresseur lors de leur première audition.

Les enquêteurs, pour leur part, n'ont pas besoin de photos de Luc Tangorre – le dossier en est plein – mais ils veulent des clichés récents pour les présenter aux victimes et obtenir ainsi une reconnaissance indispensable.

Pendant qu'ils surveillent les allées et venues des personnes fréquentant Le Marigny, les gendarmes repèrent une 4 L de couleur verte stationnée en bordure du trottoir, en face du magasin. Le véhicule, immatriculé 2152 HA 13, a attiré leur regard parce qu'il présente une similitude avec celui décrit par les victimes. L'intérieur est en similicuir marron. Deux vignettes vertes d'attestation d'assurance figurent sur le côté droit du pare-brise. Enfin, la voiture n'a pas d'antenne, ni de radio à bord. Jusque-là, rien de bouleversant s'agissant d'un véhicule de série. Bien que les gendarmes aient troqué, pour plus de discrétion, leurs uniformes contre des costumes civils, leur manège ne passe pas inaperçu, place Carnot. Une cliente éveille l'attention de Luc Tangorre.

– Depuis ce matin, il y a des gens bizarres qui tournent autour de votre magasin et qui prennent des photos.

Tangorre sort sur le trottoir, il ne voit personne. Quelques instants plus tard, un autre client lui signale la présence de plusieurs personnes qui ont l'air de se dissimuler pour surveiller le magasin.

Luc Tangorre sort de nouveau. Il aperçoit trois ou quatre inconnus qui, comprenant qu'ils sont découverts, montent dans une voiture qui démarre aussitôt.

Tangorre a néanmoins le temps de relever le numéro minéralogique.

De retour à Nîmes, les gendarmes contactent la directrice du collège Alma. Ils souhaitent montrer à Jessica et à Marilyn les photographies qu'ils ont prises à Lyon de Tangorre et de la 4 L pour qu'elles les identifient. Mais les deux Américaines ne sont plus en France. Mme Zeigler, qui leur a parlé récemment au téléphone, confirme qu'elles sont rentrées chez elles et n'envisagent pas pour l'instant de revenir en France.

Le lendemain matin, Luc Tangorre se rend chez le juge d'application des peines avec qui il doit garder un contact régulier pendant sa liberté conditionnelle.

Le juge l'écoute, fait vérifier par téléphone le numéro que le jeune homme a relevé.

– Vous avez dû vous tromper, dit-il en raccrochant. Cette plaque minéralogique correspond à un camion semi-remorque.

Qu'est-ce que cela veut dire ? Luc Tangorre est sûr de ne pas avoir fait d'erreur. Son amie, Florence, qui se trouvait avec lui à ce moment-là, a relevé elle aussi le même numéro. Pourquoi serait-on venu l'espionner avec une voiture portant une fausse plaque ?

Luc Tangorre ne paraît pas s'inquiéter outre mesure de l'incident. S'est-il persuadé que cette surveillance ne le concerne pas, ou bien estime-t-il qu'il s'agit d'un contrôle que sa situation judiciaire justifie ? Pourquoi, dans ce cas, le juge ne lui a-t-il rien dit ? Que signifie cette dissimulation ?

Coupable, il aurait dû considérer cette affaire comme un coup de semonce, s'inquiéter, consulter ses défenseurs, manifester ses craintes auprès de sa famille, jusque-là si présente, si proche de lui. Il en a largement le temps, on ne le suit pas à la trace.

Au lieu de cela, il choisit de faire le dos rond. Il estime peut-être que cette surveillance fait vraisemblablement partie d'une tactique de harcèlement de la police qui accepte mal la grâce dont il a bénéficié au début de l'année. Pourquoi aurait-il réagi de quelque manière que ce soit alors qu'il n'a rien à craindre, puisqu'il est innocent ?

Innocent de quoi, d'ailleurs ? Comment aurait-il pu savoir qu'il était soupçonné d'un double viol « dont il n'avait jamais entendu parler » ?

Au palais de justice de Nîmes, le juge d'instruction, Christian Lernould, se pose parfois les mêmes questions, mais leur trouve des réponses sensiblement différentes. Les gendarmes lui ont montré les photos prises la veille à Lyon et l'ont mis au courant des résultats de leur surveillance. Les mêmes photos, même si elles sont assez floues, confirment ce qui était apparu déjà sur les documents anthropométriques : Tangorre ressemble étrangement au portrait-robot de l'agresseur dressé avec l'aide des deux victimes. Par ailleurs, la présence d'une centaine d'exemplaires de *Coupable à tout prix*, ouvrage consacré à l'affaire Tangorre, dans la voiture de l'agresseur, le fait aussi que cette voiture ait été décrite par Jessica et par Marilyn comme une

Renault 4 L verte, et que la voiture de Tangorre soit du même modèle et de la même couleur constituent des présomptions troublantes.

Les enquêteurs, ils viennent de le répéter au juge, n'ont pour leur part plus de doute sur la culpabilité du suspect.

– Il a remis ça, ce type de délinquant récidive toujours. Il ne peut pas s'en empêcher !

Le juge n'est pas loin de partager leur avis. Il veut cependant consolider son dossier avant de délivrer un mandat d'arrêt. Il sait bien ce qui l'attend. S'il n'a pas suffisamment d'éléments pour justifier l'inculpation, il va se heurter à un mur. Il lui suffit de consulter le premier dossier pour s'en assurer. Si on ne lui oppose pas de preuves formelles, Tangorre protestera de son innocence et n'en démordra pas. Au fond, ce dossier qu'instruit le juge Lernould n'est qu'une suite de la première affaire, à cette différence, toutefois, que maintenant Tangorre est prisonnier de son innocence. Pourrait-il se reconnaître coupable de quoi que ce soit, alors que ses parents, sa famille, et avec eux une centaine de personnes se sont battus pour lui parce qu'ils le croient innocent ?

Fort heureusement pour l'accusation, les victimes se montrent pugnaces. Jessica l'a encore affirmé aux gendarmes qui l'ont entendue le 15 juillet à La Ciotat : elles veulent que l'agresseur soit arrêté et condamné. Les renseignements qu'elles ont apportés aux enquêteurs dès le début des recherches ont été précieux.

Il faut à présent, grâce aux nouveaux éléments recueillis à Lyon – les photos de Tangorre et de la voiture –, obtenir des deux Américaines une identification formelle qui ne laissera planer aucun doute. Pour cela, il est indispensable de les rencontrer. Mais comment faire ? Pour l'instant, elles sont aux Etats-Unis et n'envisagent pas de venir en France pour une simple audition.

– Il nous faut pourtant leur témoignage, estime le juge. Si elles ne viennent pas, nous irons là-bas.

Décider officiellement qu'un juge et deux gendarmes vont, pour les besoins d'une enquête, se rendre aux Etats-Unis entraîne un certain nombre de formalités administratives. La chancellerie doit d'abord consulter la direction de la gendarmerie pour obtenir son accord, puis négocier avec les autorités américaines et enfin régler les modalités du voyage : définir les termes de la commission rogatoire internationale, les conditions dans lesquelles se déroulera l'audition des témoins. Il faudra plus d'un mois pour tout mettre au point.

Le 6 octobre, enfin, la petite délégation, juge en tête, quitte Nîmes pour la lointaine Amérique. On n'avait plus vu ça depuis *Le Gendarme à New York*... Mais c'était du cinéma !

Les Français font une courte halte au département de la Justice à Washington, le temps d'une ultime réunion pour définir le rôle qui échoit de droit aux policiers américains : ce sont eux qui entendront les plaignantes et remettront par la suite l'enregistrement des auditions au juge Lernould. Les entretiens avec les deux jeunes filles auront lieu au tribunal d'Arlington, dans l'Etat de Virginie, et en langue anglaise. Ni le juge ni les gendarmes n'assisteront à ces auditions, ils se tiendront dans une pièce attenante pour fournir, le cas échéant, les renseignements complémentaires dont les Américains pourraient avoir besoin pour poursuivre l'interrogatoire.

Un interprète de l'ambassade de France, le sergent-chef Maudet, accompagne le juge Lernould et les gendarmes le temps de leur mission.

La petite délégation française est reçue au tribunal d'Arlington par le sergent John Sidell, de la Major Crimes Division de la police locale. C'est le détective Charles W. Crough qui procédera dès le lendemain matin à l'audition des deux plaignantes.

Le détective Crough appartient à la brigade des mineurs et des crimes sexuels. C'est un vieux routier qui opère depuis vingt-trois ans à Arlington et qui, en bon professionnel, sait aborder avec tact les affaires délicates qu'il a souvent à démêler.

Le juge Lernould lui remet les pièces qui accompagnent la commission rogatoire internationale et qui figurent au dossier : un portrait-robot de l'agresseur dressé avec l'aide des victimes, trois albums : le premier comprenant six photos en couleurs, le deuxième six photos en noir et blanc, le troisième sept photos en couleurs des individus ressemblant à la description du violeur ; la photo d'une paire de chaussures de sport de type basket ; un autre album rassemblant les photos de trois véhicules distincts ; enfin treize livres comportant dans leur titre le mot « coupable » ou « culpabilité ».

Le détective Crough, que tout le monde appelle Buck, pourra se servir de ces documents au cours de l'entretien.

Au contraire de la méthode française qui consiste à transcrire dans le procès-verbal l'essentiel de l'audition, la police américaine enregistre l'intégralité des dépositions. Ainsi peut s'établir entre la personne interrogée et le policier un dialogue plus proche des faits.

Jessica et Marilyn sont arrivées ensemble le matin au tribunal. Elles semblent redouter cette épreuve qui va, une fois encore, les confronter aux scènes de violence qu'elles ont dû subir.

C'est Jessica que Buck appelle la première. Il est 8 h 20. L'audition commence en douceur. Visiblement, le policier souhaite établir un climat de confiance. La jeune fille, tout comme Marilyn, paraît tendue et sur le point de pleurer. Lorsqu'il sent qu'elle hésite sur un mot ou sur un détail particulier, il répète sa question pour lui permettre de préciser sa réponse.

CROUGH : Je sais que c'est très personnel, mais je dois évoquer de nouveau les relations sexuelles avec ce type... cet homme. Combien de fois vous a-t-il forcée à avoir des relations sexuelles avec lui ?

JESSICA : Je me souviens de trois ou quatre.

CROUGH : Vous vous souvenez de trois ?

JESSICA : Oui...

CROUGH : Et peut-être quatre ?

JESSICA : Oui... Je ne sais pas.

Il lui demande par la suite de préciser le signalement de l'agresseur.

JESSICA : Je ne connais pas sa taille, mais il n'était pas très grand.

CROUGH : Combien mesurez-vous, Jessica ?

JESSICA : Un mètre soixante-cinq.

CROUGH : Etait-il plus grand que vous ?

JESSICA : Pas de beaucoup.

La jeune fille décrit les vêtements de l'homme, les lunettes de soleil qu'il a enlevées à plusieurs reprises, ce qui lui a permis de voir qu'il avait les yeux marron. Puis, on passe à la voiture. Le détective montre les photographies des trois voitures réunies dans un album.

CROUGH : Je pense que vous avez vu trois couleurs différentes et trois genres de voitures.

JESSICA : C'est la voiture ! Celle-là ! Celle-là ! (Elle frappe nerveusement la photo de l'index.)

CROUGH : N'allons pas trop vite, O.K. ?

JESSICA : Avec la poignée cassée...

CROUGH : Quand vous dites : « C'est la voiture », est-ce que vous voulez dire une voiture qui lui ressemble ou « la » voiture ?

JESSICA : Eh bien, ça lui ressemble énormément.

La jeune fille décrit ensuite les points de ressemblance qu'elle a relevés : la couleur, les fenêtres fixes à l'arrière, les vignettes sur le pare-brise, la poignée de la porte arrière cassée, la carrosserie éraflée. De la voiture, on passe aux livres dont elle a déjà donné une description très précise, accompagnée même d'un dessin. Puis le détective présente les albums de photos, « pour donner aux enquêteurs une idée de la personne qu'ils recherchent. »

Jessica regarde les photos, indique celle qui porte le numéro 2.

CROUGH : Cette photo ressemble à l'individu en question ?

JESSICA : Oui.

CROUGH : O.K. Je reviens tout de suite.

Il sort. Vraisemblablement pour montrer aux enquêteurs français la photo que vient de désigner la jeune fille. Quand il revient, Jessica sanglote. Le détective attend qu'elle se calme, puis ouvre les autres albums. La jeune fille désigne encore une photo.

CROUGH : Jessica, pourriez-vous dire que la photo que vous regardez en ce moment est celle de la personne qui vous a attaquée ?

JESSICA : Je ne sais pas, je ne suis pas sûre.

CROUGH : Parmi les sept photos, c'est celle qui lui ressemble le plus ?

JESSICA : Oui, mais je pense que Marilyn peut le décrire mieux que moi. J'étais trop occupée à essayer de mémoriser d'autres détails.

L'audition s'achève à 9 h 05.

Lorsque le détective Crough est sorti de la pièce pendant l'audition, c'était bien pour montrer aux enquêteurs français la photo que Jessica venait de désigner. C'est un portrait de Luc Tangorre qui a été reproduit dans l'hebdomadaire *Femmes actuelles* daté du 8 août 1988, en illustration d'un article titré : « L'honneur perdu de Luc Tangorre. »

On ne parle pas des photos prises par les gendarmes pendant la planque organisée le mois précédent, place Carnot. Figurent-elles dans les albums emportés aux Etats-Unis par le juge Lernould ? Si c'est le cas, la jeune fille ne semble pas avoir réagi.

On apprendra après le voyage qu'elles n'ont pas été présentées parce qu'elles étaient floues. La partie civile n'a pas été en mesure de le vérifier.

Le détective Crough fait entendre au juge et aux gendarmes l'enregistrement de la déposition de Jessica que l'interprète traduit au fur et à mesure. Le juge prend des notes.

Puis Crough revient dans la salle d'enregistrement et appelle Marilyn.

Il est 9 h 30. Plus encore que Jessica, Marilyn semble angoissée, nerveuse, agressive, même. Le détective le sent dès le début de l'entretien.

CROUGH : L'individu vous a menacée et frappée... Comment vous a-t-il menacée ?

MARILYN : Avec un couteau et il nous a attaquées.

CROUGH : Je sais d'après l'enquête que votre amie a également été violentée. Mais j'aimerais m'en tenir aux questions vous concernant particulièrement. L'individu vous a menacée d'un couteau ?

MARILYN : Il nous a menacées de prendre un couteau.

CROUGH : Menacées de prendre un couteau. Qu'est-ce qu'il vous a dit qu'il en ferait ?

MARILYN : Il nous a dit qu'il avait déjà tué des gens, trois autres personnes, et qu'il n'avait pas peur de nous tuer...

CROUGH : Et vous dites qu'il vous a frappée ? Avec la main ou...

MARILYN : Avec la main.

CROUGH : Avec la main. Qu'est-ce qu'il a fait d'autre ?

MARILYN : Il m'a attrapée à la gorge.

CROUGH : Est-ce qu'il vous a étouffée ?

MARILYN : Non, Jessica l'a tiré en arrière.

CROUGH : Donc, il a abusé de vous physiquement et vous a injuriée. C'est cela ?

MARILYN : Oui.

Le détective pose ensuite à la jeune fille toute une série de questions sur les viols. Il s'interdit d'ailleurs d'employer ce mot et, lorsqu'il lui échappe, il se reprend : « Je voulais dire : "relations sexuelles". » Chaque fois aussi que Marilyn emploie un terme qu'il est nécessaire de préciser, il en donne une définition puis s'informe auprès de la jeune fille pour s'assurer que c'est bien ce qu'elle a voulu dire.

Le signalement de l'agresseur : Cheveux sombres, bouclés. La peau plus brune, « five o'clock shadow[1] », dit-elle en anglais, que l'interprète traduit par « comme quand la barbe repousse en fin d'après-midi ». Les chaussures de sport, la voiture. Marilyn apporte une précision à propos de la jauge d'essence.

CROUGH : Etait-elle cassée ?
MARILYN : Je me souviens que, quand il a pris de l'essence, la jauge n'a pas bougé.

Les livres, maintenant.

MARILYN : On aurait dit des bibles. Ça n'en était pas, mais c'était un genre de livres sur papier recyclé. Ils ne ressemblaient pas aux livres qu'on achète en librairie.

CROUGH : Dans votre premier interrogatoire, vous avez déclaré : « Il les a cachés. Je vous dirai pourquoi il les a cachés. »
MARILYN : Je ne sais pas pourquoi, mais il les a cachés... Il a étalé la couverture par-dessus.

Les albums de photos lui sont alors présentés. Album 28, rien. Album 29, Marilyn s'arrête sur la photo numéro 5.

CROUGH : Cette photo ressemble au type. Pensez-vous que ce soit lui...
MARILYN : Il a les mêmes yeux.

1. L'ombre de 5 heures du soir.

On revient à la voiture. Le détective veut que Marilyn lui précise comment elle a pu entrer à l'arrière alors que la poignée était cassée.

MARILYN : Il a ouvert de l'intérieur.

Marilyn est très tendue. Le policier, qui a terminé son audition, poursuit un instant la conversation.

CROUGH : Je sais que cela a été une terrible expérience pour vous... est-ce que vous voyez quelqu'un ici, aux Etats-Unis, une association d'aide aux victimes de viol ? Est-ce que vous vous faites aider ?

MARILYN : Non.

CROUGH : Est-ce que vous arrivez à vous en sortir ?

MARILYN : Je n'y pense pas.

CROUGH : Vous essayez de ne plus y penser. Comment est-ce que cela vous a affectée ? Etes-vous retournée à l'université ?

MARILYN : Je suis rentrée chez mes parents.

CROUGH : Et maintenant, les études, ça marche ?

MARILYN : Je ne sais pas.

CROUGH : Pensez-vous que cela vous a affectée d'une certaine manière ?

MARILYN : Oui.

Les deux jeunes filles expliquent, hors audition, qu'elles ont souffert de troubles traumatiques qui tendent à présent à s'estomper. Jessica fait état de pertes de mémoire, de nervosité, d'insomnie, sans être certaine qu'il existe un lien entre ces troubles et l'agression. Marilyn parle elle aussi d'un état nerveux inhabituel, d'insomnies, mais elle semble désireuse, comme le montre la fin de son entretien avec le détective Crough, sinon d'oublier, du moins de prendre une certaine distance avec les faits. Elle est cependant encore stressée. Elle raconte notamment qu'en voiture en compagnie d'un homme elle a été brusquement prise d'une peur qu'elle ne pouvait dominer, alors que rien dans le comportement de son compagnon n'était susceptible d'éveiller chez elle le moindre sentiment de crainte.

De retour à Nîmes, les gendarmes établissent un court procès-verbal mentionnant la mise sous scellés du numéro 202 de l'hebdomadaire *Femmes actuelles* qui a publié la photo de Luc Tangorre.

« Photo reconnue par les deux victimes comme étant celle de l'agresseur », précisent les gendarmes.

Danger de synthèses trop réductrices : aucune des deux jeunes filles n'est aussi formelle au cours des auditions. Jessica, en examinant les albums préparés par les enquêteurs, a désigné la photo d'un homme « qui ressemble à l'individu ». Même réponse ou presque de Marilyn. Elle a choisi une photo de l'album – qui n'était pas la même que celle désignée par Jessica. Crough lui demande :

– Vous dites que ce type lui ressemble ?

Marilyn répond simplement :

– Oui.

Le détective insiste :

– Pensez-vous que ce soit lui ?

Marilyn précise alors :

– Il a les mêmes yeux.

Dans ces tentatives d'identification sur photographies, un élément n'est évoqué nulle part. On parle du livre *Coupable à tout prix*, de son format, que Jessica a d'ailleurs dessiné de mémoire à La Ciotat, au centimètre près. On évoque la couverture qui, en plus du titre à l'encre verte, porte la photo d'un homme avec une moustache. Cet homme, c'est Luc Tangorre. Personne n'en parle.

Les victimes, qui n'avaient pas fait de rapprochement entre le portrait figurant sur le livre et leur agresseur, l'ont-elles maintenant reconnu ? La question ne leur est pas posée.

[illegible] ne plus [illegible]

A 7 heures du matin [illegible]
[illegible] A peine [illegible]
arrivent [illegible] immédiatement [illegible]
[illegible] des [illegible] gens qui peuvent [illegible] jeunes
Américaines [illegible] ont été victimes [illegible] le 13 mai
dernier [illegible] sur des [illegible]

7

Le juge et les enquêteurs vont avoir besoin de près de deux semaines encore pour verrouiller le dossier. Ils veulent aussi que Jessica et Marilyn viennent en France procéder à l'identification de Luc Tangorre. Simple formalité puisqu'elles ont vu diverses photographies du suspect et qu'elles ont pu, s'il en était besoin, mémoriser son visage.

Le 23 octobre, tout est prêt pour le lendemain. Les gendarmes de Nîmes se rendent à Lyon et mettent au point l'arrestation de Luc Tangorre qui se déroulera le matin, aussitôt après l'ouverture du Marigny, place Carnot. Des fuites ont permis à quelques journalistes d'être informés. Le correspondant d'un journal parisien passe la nuit dans un hôtel voisin pour être sûr de ne rien manquer.

A 7 heures du matin, Tangorre vient d'ouvrir le magasin. A peine est-il à l'intérieur que les gendarmes arrivent. Il est immédiatement mis en garde à vue et informé des soupçons qui pèsent sur lui : deux jeunes Américaines qui ont été violées près de Nîmes le 23 mai dernier l'ont identifié sur des photographies.

Tangorre s'étonne et proteste :

– Je n'ai pas transporté de jeunes filles ce jour-là, d'ailleurs je n'ai pris aucune auto-stoppeuse depuis ma sortie de prison.

Les gendarmes lui montrent des photos de Jessica et de Marilyn. Luc Tangorre les examine, secoue la tête.

– Non, non, je ne connais pas ces deux filles et, à plus forte raison, je n'ai pas eu de relations sexuelles avec elles ! Je ne peux rien vous dire d'autre !

Les enquêteurs procèdent alors à une fouille du Marigny qui, en plus de la pièce réservée à la vente, se compose d'une arrière-boutique et d'une remise à l'entresol. Ils saisissent un cartable en cuir marron contenant une pochette dans laquelle se trouve la carte grise d'une Renault immatriculée 2152 HA 13.

Dans la remise ont été entreposés quatre-vingt-quatorze exemplaires du livre *Coupable à tout prix* publié par Gisèle Tichané aux Editions de la Découverte.

Pendant plus de deux heures, les enquêteurs vont, toujours en présence de Tangorre, se livrer à une perquisition minutieuse de son domicile, 12, rue de Constantine. Ils passent l'appartement au crible, saisissent trois pantalons blancs, un pantalon gris clair, trois paires de chaussures de sport Nike, quatre sweat-shirts, deux à manches longues, deux à manches courtes. Tangorre en désigne un :

– Celui-ci m'a été offert au début de l'année par une jeune femme.

Ils placent également sous scellés une chevalière portant les initiales *L.T.* Ils joignent ces différents objets à ceux qui ont été saisis dans le magasin et ramènent Tangorre à la gendarmerie.

A 12 h 30, le suspect est entendu pour plus de précisions, notamment sur son emploi du temps après sa sortie de Muret. Il s'est d'abord rendu à Toulouse chez son frère aîné, puis à Lyon où il s'est fait embaucher pour nettoyer les cuves d'une usine de produits chimiques que Rhône-Poulenc déménageait en Asie du Sud-Est. Ce travail harassant et dangereux ruinait sa santé. Il a pu, grâce à ses parents qui ont vendu un appartement à Marseille, acheter le Marigny, qu'il exploite depuis le 1er juillet.

Il évoque aussi avec une certaine fierté son comité de soutien. Formé d'abord de gens habitant autour de Marseille, ce comité s'est étendu sur le plan national après le procès d'Aix-en-Provence. Tangorre force un peu sur les effectifs :

– Cinq à dix mille personnes, dit-il, parmi lesquelles cinq cents correspondants actifs.

En vérité, mille cinq cents à deux mille personnes en ont fait partie, ce qui est déjà un chiffre important pour une association de ce type. C'est d'ailleurs grâce au comité qu'ont pu être réunis les fonds nécessaires à l'édition de *Coupable à tout prix*. Depuis le premier jour, Gisèle Tichané milite en faveur de l'innocence de Tangorre. C'est à elle que le père de Luc a racheté la 4 L de couleur vert pomme que le jeune homme a utilisée dans la période où il distribuait son livre. Depuis, explique-t-il, il l'a rendue à son père, car il est impossible de se garer à Lyon. Il se sert de temps à autre de la 4 L, bleue, celle-là, « un peu comme la vôtre », dit-il aux gendarmes, que possède Florence, une jeune fleuriste avec qui il vit depuis trois mois.

Les enquêteurs passent alors à des questions plus directement liées à l'affaire. La transition choisie est surprenante.

– Quelle est la couleur de vos yeux ?

– Marron clair, ils peuvent avoir des reflets verts dans le soleil.

– Vous arrive-t-il parfois de ne pas vous raser ?

– Non, je me rase régulièrement.

– Et votre cartable en cuir marron, l'aviez-vous avec vous le 23 mai 1988 ?

– Je ne sais pas ! Je ne me rappelle pas où je me trouvais ce jour-là.

– Connaissez-vous Nîmes et sa région ?

– Non, plus maintenant. J'ai habité Nîmes entre dix et treize ans, aux Jonquilles, en bordure du périphérique, mais, depuis, le paysage a été totalement bouleversé...

Jessica et Marilyn viennent à Lyon participer à l'identification du suspect. Il s'agit d'une vérification de pure forme. Tangorre, désormais, elles l'ont dans l'œil après toutes les photos qu'elles ont vues de lui. La parade organisée en fin d'après-midi, le jour même de l'arrestation de Tangorre, dans une salle de projection, n'est donc qu'une simple formalité. Introduites à tour de rôle dans la cabine, elles reconnaissent formellement Tangorre parmi les six individus alignés au fond de la salle éclairée *a giorno*.

Le lendemain, elles se rendent à Nîmes où les gendarmes leur demandent de préciser leurs accusations, de revenir sur les quelques points qui, lors de l'audition aux Etats-Unis, demeuraient imprécis, mal définis. Il apparaît très vite que dans l'esprit des jeunes filles il n'y a plus l'ombre d'un doute : c'est toujours Tangorre qui les a violées. Les enquêteurs leur présentent différents vêtements et objets saisis au Marigny ou au domicile de Tangorre : le jean blanc Cacharel, le polo jaune Lacoste, les chaussures, la chevalière devant laquelle Jessica assure : « Je suis formelle », le cartable en cuir marron, les lunettes de soleil, le livre, la couverture écossaise, elles reconnaissent tout.

Une question posée à Marilyn et la réponse que fait

la jeune fille soulèvent un problème : les enquêteurs veulent savoir quel est le livre qu'elle a reconnu parmi les treize ouvrages qui lui ont été présentés à Arlington.

Marilyn s'étonne :

– Aucun. Mes souvenirs n'étaient pas assez précis. Je ne me rappelais que la couleur verte du titre et la photo d'un homme sur la couverture. Dans ces conditions, les policiers américains ont jugé inutile de me présenter les livres.

La décision de ne pas montrer les livres à Marilyn ne figure pas dans l'audition d'Arlington.

La défense arguera plus tard que cette audition a pu être tronquée... Pourquoi ? Est-ce la seule coupe pratiquée dans ce document ?

Tandis qu'une partie des enquêteurs rentrent à Nîmes pour entendre les plaignantes et informer le juge d'instruction de vive voix, les autres restent à Lyon pour procéder à l'audition des témoins de la vie de Tangorre depuis qu'il s'est installé dans la ville.

Florence Gralet, l'amie de Luc Tangorre, est entendue la première. Elle a vingt ans et la beauté du diable. Elle a rencontré Tangorre avant sa libération.

– Il avait obtenu une permission et était venu passer la journée chez son cousin Jean-Paul Bouit, qui tient un café sur la place des Terreaux, le Fleurie, à côté du fleuriste où je travaille. C'était à l'automne dernier, se souvient-elle.

– Entre eux, ça a été le coup de foudre, précisera Khadoudja Mokhran, l'amie de Florence.

Ce jour-là, Luc Tangorre avait rendez-vous avec des membres de son comité de soutien au Moulin joli, un café qui se trouve dans le voisinage. Florence l'a accompagné. Le soir, il a quitté Lyon pour retourner en prison. Ils ne se sont retrouvés qu'au mois de juin suivant.

– Le 29, se souvient Florence, il y avait une réunion chez lui, des copains, des copines, ses parents étaient là. Nous avons regardé à la télévision une émission sur les erreurs judiciaires. Notre relation amoureuse date de ce soir-là.

Au mois d'août, la situation de Luc Tangorre s'est stabilisée. Il gère depuis le début de juillet le bureau de tabac que ses parents lui ont acheté. Il peut maintenant envisager la vie à deux. Le mariage ? Plus tard, peut-être...

– Il m'a emmenée chez ses parents à Saint-Etienne. Nous y sommes allés trois fois. Nathalie, une copine commune, nous a gardé le magasin ces jours-là.

– Arrivait-il à Luc Tangorre de voyager seul depuis que vous vous connaissiez ?

– Depuis le mois de juin ? Non, jamais !

Les livres ? Si elle les a vus ? Il y en avait partout, au Marigny, dans l'appartement...

– Il m'en a offert deux pour des amies.

Oui, elle a une voiture, une 4 L.

– Bleu service, comme la vôtre, dit-elle aux gendarmes.

– Et celle de Tangorre ?

– Elle appartient à son père. Elle est en mauvais état, la carrosserie est cabossée, rayée. Le pare-chocs arrière est endommagé, la banquette mal arrimée. Il manque un bouton-poussoir sur une porte arrière. Les vitres arrière ne s'ouvrent pas.

Que veulent encore savoir les enquêteurs ? Leurs relations sexuelles ?

– Normales.

– Pratiquiez-vous la sodomie ?

– J'y consentais librement.

– Exigeait-il de vous des fellations ?

– A mon sens, ce n'étaient pas des exigences.

– A-t-il eu d'autres liaisons depuis sa sortie de prison ?

– Oui, il m'a confié en avoir eu plusieurs. Mais il ne m'a pas dit avec qui.

– Avez-vous quelque chose à ajouter ?

– Oui, je le connais suffisamment... Je pense qu'il est totalement étranger à cette histoire.

Khadoudja, vingt-trois ans, ne sera entendue que le surlendemain. Elle fait partie de la petite bande de copains qui s'est formée autour de Luc depuis qu'il est venu se fixer à Lyon. Elle a assisté à des réunions du comité de soutien, mais elle n'en fait pas partie. En revanche, elle a vu souvent Luc Tangorre. Il est même venu chez elle pour son anniversaire, le 19 mars.

Elle se souvient que Luc s'est absenté de Lyon pendant une quinzaine de jours, autour du 17 mai. Elle a gardé cette date en mémoire parce qu'il lui avait dit qu'il allait à Paris, aux Editions de la Découverte, pour prendre mille exemplaires du livre que Gisèle Tichané avait écrit sur son histoire. Elle lui a demandé s'il pouvait l'emmener. Il lui a répondu qu'à l'aller il voulait bien, mais qu'au retour ce serait impossible car la voiture serait pleine de livres. En outre, il ne savait pas quand il rentrerait à Lyon ; il voulait s'arrêter à Dijon, puis faire un saut jusqu'à Marseille.

– Quelle voiture a-t-il prise pour ce voyage ?

– La 4 L verte de ses parents.

Khadoudja la connaît bien, cette 4 L. Luc l'a utilisée à plusieurs reprises pour la ramener chez elle.

– C'est une vieille bagnole en mauvais état, explique-t-elle. Le bouton-poussoir de la poignée de la porte arrière droite manque. La banquette arrière est mal arrimée. Dans le coffre, il y avait une couverture. Je ne me souviens plus de sa couleur. Que dire encore ? Le logo arrière « Renault 4 L » n'est plus fixé que par une vis. Il tombait chaque fois qu'on fermait le coffre. Je me rappelle aussi que dans le vide-poche droit, face au passager, il y avait un brin de lavande séché, il doit y être encore.

Luc Tangorre est revenu à Lyon au début du mois de juin. Khadoudja lui a demandé où il était passé pendant tout ce temps. Il lui a répondu en riant qu'il avait beaucoup voyagé : Marseille, Toulouse, Dijon, Le Grau-du-Roi...

– J'entendais le nom de cette ville pour la première fois et ça m'a fait rire, se souvient la jeune femme.

Quand Luc a rencontré Florence, Khadoudja les a moins vus. Le Marigny prenait beaucoup de temps au jeune homme et ils étaient amoureux. « Le coup de foudre », répète-t-elle. Depuis l'audition de Florence, un nouvel élément important est venu s'ajouter à l'enquête.

Le carnet. Un petit agenda à couverture noire sur lequel Luc notait son emploi du temps. C'est Jean-Paul Joachy qui s'est souvenu le premier de son existence.

Jean-Paul est membre du comité de soutien et il a hébergé Luc Tangorre lorsque celui-ci, à sa sortie de prison, s'est installé à Lyon. C'est Jean-Paul qui a conseillé à Luc de noter tout ce qu'il faisait au cas où... C'est lui, d'ailleurs, qui lui a offert cet agenda, bien plus pour qu'il se souvienne de ce qu'il avait fait que de ce qu'il avait à faire.

Khadoudja connaît ce carnet. Luc le lui a montré. Dès qu'elle a appris l'arrestation par le journal télévisé de 13 heures, elle a essayé de contacter Florence, mais celle-ci était à la gendarmerie. Elle n'est revenue à son travail que vers 15 h 30 ; elle lui a alors donné les clés de l'appartement de Luc pour qu'elle essaie de retrouver le carnet.

– J'ai fouillé partout, mais je ne l'ai pas trouvé, explique Khadoudja. Vers 19 h 30, nous sommes allées au Marigny voir si, par hasard, Luc ne l'y avait pas laissé. Nos recherches n'ont rien donné. Nous avons alors rejoint le domicile de Jean-Paul Joachy où des journalistes nous attendaient. Quand ils sont partis, nous avons discuté un moment entre nous pour arrêter notre conduite. Il fallait à tout prix trouver ce carnet ! Nous sommes reparties chez Luc reprendre la fouille. Finalement, Florence a trouvé le carnet dans le tiroir gauche du bureau. Je l'avais cherché là, mais je ne l'avais pas vu car il était dans un carton masqué par des dossiers suspendus. Nous avons alors téléphoné à Jean-Paul qui nous a demandé de le lui apporter afin de le remettre aux gendarmes.

Florence, entendue une nouvelle fois, confirme les déclarations de Khadoudja.

– C'est moi qui ai trouvé le carnet derrière les dossiers, à l'intérieur d'un carton. Mon amie était à côté de moi. Elle a même été étonnée car elle avait fouillé à cet endroit-là.

Florence, Khadoudja, Jean-Paul Joachy qui, le matin même, a apporté le carnet aux gendarmes, sont invités à faire chacun une page d'écriture pour la comparer avec celle figurant sur le carnet et qui, à la date du 23 mai, porte d'une main un peu hâtive et en biais : « Soirée chez papa et maman. »

Plus tard, lors des débats, cette inscription suscitera bien des discussions. Acceptée telle quelle, elle innocente Tangorre. La soirée du 23 mai est celle des viols. Il ne peut donc pas avoir été en même temps à Marseille et à Nîmes. L'accusation objectera que cette inscription a pu être ajoutée par la suite par Tangorre pour se créer un alibi. L'entourage du jeune homme le prévoyait. Jean-Paul Joachy, sur les conseils de Pierre Vidal-Naquet à qui il téléphone, a fait appel à un huissier pour qu'il authentifie le carnet et les annotations qu'il contient.

8

Le téléphone fonctionne beaucoup au cours des deux journées qui suivent l'arrestation. Chacun désire s'informer, comprendre. Ceux qui ont vu Luc depuis sa libération, et plus particulièrement après l'ouverture du Marigny, ne parviennent pas à croire qu'il est coupable. Il semble si loin de tout ça ! Il travaille dur pour s'en sortir. Il se consacre à son commerce dix heures par jour, le reste du temps il le passe avec Florence. La jeune fille semble apporter une certaine harmonie dans sa vie.

Il continue par ailleurs à s'occuper de son dossier judiciaire. N'a-t-il pas déclaré, à sa sortie de prison, que la liberté ne sera rien pour lui tant que l'honneur ne lui sera pas rendu ? Aussitôt, il a pris en main l'animation du comité de soutien qui s'est constitué après le procès d'Aix-en-Provence. Il écrit beaucoup, organise des réunions, collabore aussi à l'édition du livre sur son histoire. Ces nombreuses actions doivent concourir à la révision du jugement qui l'a condamné, le 24 mai 1983, à quinze ans de réclusion criminelle pour viols et attentat à la pudeur. Déjà, le 16 septembre précédent, Jean-Denis Bredin a déposé devant le garde des Sceaux une requête en révision.

Il ne suffit plus, semble-t-il, que d'un peu de patience pour que l'objectif soit atteint, que les juges, revenant sur la première décision, ne rendent à Tangorre son honneur perdu. Que va-t-il advenir à présent de tous ces efforts ? Se peut-il que Luc Tangorre qui, durant sept ans, sans la moindre faille, est parvenu à convaincre tant de gens de son innocence, ait joué la comédie ? Et même si c'était vrai, comment a-t-il pu, alors que la bataille juridique était presque gagnée, qu'il allait être reconnu officiellement innocent, jeter à bas d'un seul coup l'édifice si patiemment échafaudé ? Confondu, inculpé, cela veut dire que non seulement il est coupable dans cette affaire, mais également dans celles qui ont été jugées et pour lesquelles il proclame si haut son innocence...

Et puis, et c'est peut-être le plus invraisemblable, il a berné des centaines de gens qui ont cru en lui, qui ont engagé leur bonne foi pour le défendre. Devant eux, lui, le Méditerranéen perd la face. Le comble de la honte ! Comme ils doivent rire ceux qui l'ont malgré tout condamné et qui, par la suite, ont si mal accepté la grâce dont il a bénéficié ! Tangorre n'a pas que des amis, ainsi que l'attestent les lettres de menaces qu'il a reçues après sa sortie de Muret. N'a-t-il pas senti à plusieurs reprises qu'il était surveillé, suivi ? Certes. Mais qui pourrait lui en vouloir au point de lui tendre deux fois le même piège ?

Il y a tout de même, dans cette rechute de Luc Tangorre, un je-ne-sais-quoi d'irrationnel, d'incompréhensible. Une nouvelle fois, la question se pose : victime ou coupable ? Il faut attendre d'en savoir plus sur ce qu'on lui reproche aujourd'hui avant de se prononcer. Voilà ce que se disent au téléphone ceux qui essaient de comprendre pourquoi, alors que tout semblait rentrer dans l'ordre, l'avenir de ce garçon est de nouveau remis en cause. Les sentiments qui dominent ce jour-là parmi ces gens généreux et sincères sont plus proches de la tristesse, du désenchantement, que de la révolte et de la colère.

Un certain nombre d'entre eux restent dans une prudente réserve. D'autres continuent à soutenir Tangorre, se refusant à l'abandonner dans cette nouvelle épreuve.

L'arrestation de Luc Tangorre a été minutieusement préparée par les enquêteurs. Au moment où les gendarmes de Nîmes interviennent à Lyon, deux autres opérations se déroulent, l'une à Marseille, l'autre à Saint-Etienne.

A Marseille, ils se présentent rue Sainte-Cécile et demandent aussitôt à Joseph Tangorre, le père du suspect, de les accompagner dans les locaux de la brigade des recherches, à la caserne des Plombières, pour l'entendre comme témoin. A Saint-Etienne, ils se rendent au logement qu'occupent les parents Tangorre, 10, boulevard du Val-Benoite, pour se rapprocher de leur fils depuis qu'il vit à Lyon. La mère de Luc, Marie Tangorre, s'y trouve. Ils procèdent aussitôt à son audition.

Ces opérations simultanées ont été organisées avec le juge d'instruction Christian Lernould afin d'empêcher que les parents ne puissent se concerter entre eux, ou avec leur fils, pour échafauder un système de défense.

On imagine le désarroi de cet homme et de cette femme qui se retrouvent tout à coup replongés dans le cauchemar qu'ils ont vécu pendant sept ans ! Luc accusé ! Luc en prison ! Luc jugé ! Luc condamné ! Et ce sans qu'ils aient pu, malgré tous leurs efforts, malgré tout leur amour, renverser le cours de ce flot qui, à leurs yeux, était lourd d'injustices. Et tout va recommencer, comme si le destin s'acharnait sur leur enfant ! Innocent ? Il ne leur est pas venu à l'idée qu'il puisse être coupable. Marie le dit :

– Luc, toujours un bon petit, un bon fils, doux, gentil, prévenant, le contraire de ce que peut être un violeur.

Joseph, lui, projette sur Luc le reflet de sa propre image : un garçon combatif, dévoué, généreux... Il a vécu un calvaire au cours de ces sept années. Imaginer Luc agressant des femmes, c'est comme s'il s'était lui-même livré à de tels actes. L'innocence de Luc, il en répond comme de sa propre innocence, et il souffre de ne pouvoir faire partager ce sentiment à tout le monde : les policiers, les juges, les jurés ; la justice tout entière qui s'acharne contre son fils.

– Personne, chez nous, n'a jamais fait le mal, assène ce sexagénaire dont l'épaisse crinière blanche ajoute encore à la force qui émane de son aspect monolithique.

Joseph et Marie ont tant voulu croire que les mauvais jours désormais s'éloignaient ! Depuis qu'ils ont acheté, à Lyon, le Marigny, grâce à la vente d'un appartement et à un prêt bancaire, leur fils paraît avoir trouvé un nouvel équilibre. Il s'est jeté dans le travail avec courage et sérieux.

– Je veux saisir cette chance que vous me donnez, leur a-t-il dit.

Ils en ont été heureux, si heureux qu'ils se sont pris à rêver. La requête en révision déposée au mois d'août par Jean-Denis Bredin va sûrement aboutir. Un nouveau jugement réhabilitera Luc. Ainsi en finirait-on avec la légende noire qui poursuit leur fils. Il se mariera comme il en a manifesté l'intention. Il leur donnera des petits-enfants. La vie reprendra son cours normal.

Que restera-t-il, alors, de ces années noires ? Le souvenir, sans aucun doute, de la générosité, du dévouement de tous ces gens, amis connus ou inconnus, qui ont apporté l'aide de leur action, de leur présence au sein du comité de soutien. En vieux syndicaliste, Joseph Tangorre connaît l'importance de l'unité dans la lutte.

Dans le bureau de la gendarmerie du boulevard des Plombières, à Marseille, il découvre brutalement la réalité des faits. Luc est soupçonné d'avoir violé deux filles, deux Américaines qui le reconnaissent et l'accusent. Impossible ! Joseph Tangorre n'est pas de nature à se laisser envahir par le doute. Luc était innocent dans la première affaire, il l'est aussi dans la seconde. Il préférerait mourir plutôt que d'imaginer le contraire. Les gendarmes lui demandent de rassembler ses souvenirs. Ce n'est pas facile de faire tout d'un coup un saut de huit mois en arrière, puis de restituer le temps, jour après jour.

– A soixante et un ans, explique Joseph Tangorre, la mémoire n'est plus aussi agile et disponible, d'autant que je suis diabétique.

Ce dont il se souvient d'abord, c'est la galère qu'a connue son fils pour trouver un emploi après sa libération de la centrale de Muret. Première déception : il devait être embauché aux Câbleries de Lyon mais son futur employeur a fini par se dérober.

– L'affaire a fait trop de bruit, il faut attendre que les esprits se calment, a-t-il expliqué.

L'A.N.P.E. lui avait proposé un autre emploi : une compagnie d'assurances cherchait des prospecteurs pour placer à domicile des plans d'épargne retraite. Nouvelle déception : Luc a été écarté à cause de ses antécédents.

Finalement, il échoue chez Rhône-Poulenc qui déménage une usine de produits chimiques pour la transférer en Asie du Sud-Est. Luc et d'autres ouvriers doivent descendre dans de grandes cuves pour les nettoyer. Les conditions de travail sont très dures, un ouvrier se blesse grièvement. Luc, pour sa part, souffre de nausées, de maux de tête. Les autres se plaignant des mêmes symptômes, l'entreprise effectue des tests. Un oiseau, descendu dans une cuve, meurt sur-le-champ. Quand Luc lui fait part de cet incident, Joseph le presse de quitter son emploi. La réinsertion, pense-t-il alors, est sûrement une idée généreuse, mais trop souvent rien d'autre qu'une idée.

Luc, pourtant, veut travailler. L'oubli, le retour à une vie normale passent, dit-il, par une occupation régulière. Joseph l'encourage vivement dans ce sens. Comme il n'est pas homme à tergiverser, il décide de fournir lui-même un emploi à son fils : un commerce, par exemple. Luc a un si bon contact avec les gens qu'il saura très bien le faire fructifier. Une petite annonce dans un journal lyonnais retient son attention. Un bureau de tabac est à vendre, place Carnot, pour cent quatre-vingt-dix mille francs. Joseph, rapidement, rassemble la somme et, le 1er juillet, Luc ouvre le magasin déclaré sous le nom de sa mère. Depuis cette date, il n'est plus revenu à Marseille. Ce sont ses parents qui viennent le voir. Tout semble s'arranger en même temps. Sa situation judiciaire avec le dépôt de la demande de révision, sa situation financière grâce au commerce qui le rend indépendant, sa vie sentimentale aussi. Très sollicité depuis sa sortie de prison, il a eu plusieurs aventures, mais il aspire à se stabiliser, il envisage désormais de fonder une famille et, depuis qu'il a rencontré Florence, ce souhait s'est précisé. Quelques jours avant l'ouverture du Marigny, il confie à son père qu'il s'entend très bien avec la jeune fleuriste et qu'il a l'intention de l'épouser.

Joseph Tangorre suit les gendarmes, de son domicile jusqu'à la caserne des Plombières, au volant de sa voiture, la 4 L verte que Luc lui a rendue en juillet.

Il se gare dans la cour de la caserne. Les gendarmes veulent examiner le véhicule, car, on s'en souvient, les deux victimes en ont donné une description précise : le côté gauche de la carrosserie porte des traces d'éraflures, le pare-chocs arrière est déformé, le bouton-poussoir de la portière arrière droite manque.

– Je crois bien qu'il était en place lorsque j'ai prêté la voiture à mon fils, précise Joseph Tangorre.

Les gendarmes se livrent à une fouille minutieuse, passent un aspirateur muni de filtres spéciaux dans l'habitacle. Pour vérifier si la jauge d'essence est en bon état de marche (l'une des victimes a constaté que, sur la 4 L de leur agresseur, la jauge restait immobile), ils font vidanger le réservoir puis procèdent au remplissage jusqu'à la position maximum : elle fonctionne.

Dans le coffre, on découvre une couverture écossaise et deux bidons d'huile.

– La couverture, je l'avais laissée à mon fils lorsqu'il a déménagé. Elle a servi à protéger un meuble avec une glace qui lui venait de sa grand-mère.

– Et les bidons ?

– Je crois bien les avoir achetés sur l'autoroute le jour du déménagement. (Joseph Tangorre fait un effort pour se souvenir... Soudain, un sourire :) C'est bien ça ! Je les ai achetés ensemble, je m'en souviens très bien parce que je me suis étonné de les avoir payés le même prix alors que l'un contient cinq litres et l'autre seulement deux.

– Est-ce dans cette voiture que votre fils est allé chercher les livres à Paris et les a rapportés à Marseille ?

– J'en suis sûr. Luc m'a même fait remarquer que,

pour le prix que nous l'avions achetée – deux mille francs – à Gisèle Tichané, elle nous avait été très utile pour les transporter.

Une dernière question :

– Quel genre de montre votre fils porte-t-il d'habitude ?

Surprise de Joseph Tangorre :

– Je l'ignore totalement !

Il est 17 h 30 lorsque les gendarmes le raccompagnent chez lui.

La 4 L est placée sous scellés, elle sera conduite pour la suite de l'enquête à la gendarmerie de Nîmes.

Entre-temps, les enquêteurs sont venus entendre Eliane Manquat, la sœur de Luc, qui habite avec son mari, Stéphane, et leur fille, Elodie, au premier étage de la villa dont les Tangorre occupent le rez-de-chaussée. Ils veulent lui faire préciser la date du baptême du bébé. Sur l'instant, elle ne parvient pas à s'en souvenir avec exactitude, néanmoins elle situe bien la période :

– Elodie avait deux mois. Elle est née le 23 mars 1988. Elle a été baptisée à l'église Saint-Michel, à Marseille. Je pense que c'était le dimanche ou le lundi de Pentecôte. Luc est venu aussitôt après la naissance d'Elodie. Il est revenu pour le baptême...

Ce n'est que le soir, en rentrant chez lui et en se concertant avec sa fille, que Joseph Tangorre se souvient de la date exacte du baptême d'Elodie.

– La date ne me disait rien, explique-t-il. Dès qu'Eliane m'a parlé de la Pentecôte, la mémoire m'est revenue. Elodie a été baptisée le dimanche et nous sommes restés en famille jusqu'au lendemain en fin d'après-midi. J'ai passé une partie de la nuit à revivre les différents événements qui avaient marqué ces deux journées. Je les ai notés au fur et à mesure. Le baptême a eu lieu à Marseille, dans l'église où Eliane avait épousé Stéphane. Une cinquantaine de personnes assistaient à la cérémonie, les membres des deux familles et quelques amis. Nous sommes allés déjeuner tous ensemble à une trentaine de kilomètres de Marseille dans une propriété qui appartient aux parents de mon gendre. Nous avons formé un cortège pour rejoindre la maison par la route. Je ne me souviens pas du nom de la localité où elle se trouve. C'est Luc qui conduisait ma 4 L. Ma femme et moi sommes montés dans la voiture d'un parent. Luc était arrivé à Marseille deux ou trois jours auparavant, je ne sais plus exactement. Il venait de Paris où il était allé chercher plusieurs paquets de livres. Il avait fait une halte à Dijon pour en déposer. Il en a entreposé plusieurs dans la maison, qu'il a rechargés après notre réunion de famille, au matin du 24 mai, le mardi. Il m'a dit alors qu'il avait un rendez-vous à Avignon avant de regagner Lyon.

» J'avais le sentiment, en tirant le fil de ma mémoire, que tout concourait à démontrer l'innocence de Luc. Il ne pourrait pas cette fois être impliqué dans cette affaire. Trop de personnes pouvaient témoigner qu'il était avec nous à Marseille au moment où ces filles disaient avoir été violées. J'ai noté le nom de tous ceux qui ont participé à la fête. Il y avait Claude Bouit, qui vient de mourir et qui était déjà malade, sa femme, Anne, son fils Jean-Paul, qui tient le Café de la Paix à Vénissieux, son épouse et son fils, mon frère Mathieu, qui habite dans la Loire, à Côte-Chaude, et sa femme, mes neveux Thomas, venu avec son fils, et Roland, accompagné de sa femme et de sa fille, ma sœur Suzanne, mon autre sœur Dolorès, son fils et la femme de celui-ci qui est anglaise, plus les membres de la famille Manquat qui ne nous ont pas rejoints à Marseille.

» Je ne sais plus qui a couché à la maison, mais le

lendemain nous nous sommes retrouvés une vingtaine. Le matin, Luc a emmené quelques-uns de nos invités visiter les Calanques et découvrir le panorama de Marseille vu de Notre-Dame-de-la-Garde. Nous étions une douzaine répartis dans trois voitures. Nous sommes revenus vers 13 heures, 13 h 30. Nous avons déjeuné. Les invités sont repartis vers 17 heures. Nous les avons accompagnés, Luc, ma femme et moi, jusqu'à leurs voitures, ensuite nous sommes rentrés chez nous. On imagine le désordre qu'il y avait dans la maison. Nous avons fait un peu de rangement, puis nous avons grignoté les restes du repas de midi. Nous avons regardé un peu la télévision, mais nous étions trop fatigués. Luc, avant de regagner sa chambre, a demandé à sa mère de tout laisser en place et a ajouté qu'il l'aiderait le lendemain matin. Des documents photographiques prouvent la présence de notre fils au cours de cette journée. Mon neveu Jean-Pierre Vetorel a pris des photos pendant la promenade aux Calanques et mon frère Mathieu, qui possède une caméra, a fait un film-souvenir de notre réunion familiale. Luc figure certainement sur les photos et sur le film.

Joseph Tangorre passe le reste de la nuit à écrire une lettre au juge Lernould pour apporter des précisions qui, selon lui, démontrent que son fils ne pouvait pas être en même temps à Nîmes pour violer les deux Américaines et à Marseille avec ses parents.

Dès le lendemain matin, il se rend à Nîmes, court au palais de justice et demande à voir le juge Lernould. Celui-ci ne peut pas le recevoir. Joseph Tangorre laisse alors la lettre en demandant toutefois au greffier d'inscrire la date et l'heure du dépôt.

– Je ne voulais pas qu'on puisse me reprocher d'avoir fait des déclarations tardives après m'être concerté avec les autres membres de la famille. D'ailleurs, le juge, quelques jours plus tard, m'a dit devant témoins : « Votre lettre est crédible. J'espère, d'ici à la fin de la semaine, mettre votre fils en liberté. »

Le pense-t-il vraiment ? Dans ce cas, quel élément nouveau va le faire revenir sur sa décision ?

Le 27 octobre, il demande aux gendarmes d'entendre une nouvelle fois le père du prévenu. L'audition se déroule à Lyon. Joseph Tangorre raconte de nouveau les différents épisodes qui ont marqué les deux journées du baptême. Les gendarmes lui font remarquer qu'il apporte maintenant beaucoup plus de précisions que lors de sa première audition à Marseille. Joseph Tangorre s'en explique :

– Vous veniez de m'apprendre les nouvelles accusations dont mon fils était l'objet. Choqué, et sous le coup de l'émotion, j'étais incapable de me souvenir de quoi que ce soit.

Les gendarmes insistent. Ils lui demandent s'il n'a pas tout simplement retrouvé la mémoire afin d'accréditer les deux inscriptions retrouvées dans l'agenda de Luc à la date du 23 mai : « Lundi en famille, visite de Marseille », puis, en bas de page : « Soirée chez papa et maman ».

– On ne peut tout de même pas nier que le baptême de ma petite-fille ait eu lieu le 22 mai, le dimanche de la Pentecôte, et que, le lendemain, nous soyons restés en famille chez moi, à Marseille, jusqu'en fin d'après-midi ! s'insurge Joseph Tangorre. Luc était présent. Ma femme, à Saint-Etienne, aux journalistes, et moi, à Marseille, à vos collègues, l'avons spontanément déclaré au moment de l'arrestation de notre fils. Nous ne pouvions pas, alors, nous être concertés ! Luc était parmi nous du 22 au 24 mai dernier, nous ne sommes pas seuls à pouvoir en témoigner. Toutes les personnes présentes, et dont je vous ai donné les noms, peuvent l'attester : mon fils ne nous a pas quittés. Visionnez les photos prises par mon neveu et le film réalisé par mon frère ce jour-là, vous verrez bien que Luc était là !

– Et après leur départ ?

– Après leur départ, comme je vous l'ai déjà dit, mon fils est resté avec nous jusqu'au lendemain après-midi... Vous voyez bien qu'il n'a pas pu commettre les faits qu'on lui reproche...

Marie Tangorre ne dit pas autre chose que son mari. Elle raconte le même scénario, mais vu par une femme.

– Luc était là, nous étions heureux, c'était la première fois depuis sa sortie de prison qu'il se trouvait avec toute la famille réunie. Lorsque nos invités sont partis, nous les avons accompagnés jusqu'à la rue. Luc, qui est très affectueux, nous tenait par l'épaule, mon mari et moi. Nous sommes revenus dans la maison, nous étions fourbus car, la veille, nous étions rentrés de Vinon à 3 heures du matin. Luc s'est affalé dans un fauteuil en soupirant : « Je n'en peux plus. »

Mme Tangorre ne se souvient pas de l'heure exacte qu'il pouvait être alors.

– En tenant compte du moment où nos invités sont arrivés à destination, je pense qu'il devait être aux alentours de 17 heures.

Plus tard, devant le juge, elle précisera : « Entre 17 heures et 18 heures. »

– Luc a dormi dans la chambre du haut, mon mari et moi sur le canapé au rez-de-chaussée. Le matin, c'est l'odeur du café qui l'a réveillé. Je lui ai demandé s'il avait annulé le rendez-vous qu'il avait la veille au soir à Avignon. Il m'a répondu qu'il l'avait fait. Il devait partir dans la matinée, mais j'ai insisté pour qu'il partage le repas du midi avec nous. Je suis allée faire quelques courses. Il était environ 10 heures du matin. La

4 L était rue Sainte-Cécile, là où Luc l'avait laissée la veille, entre le garage et la laverie. Avec sa couleur vert pomme, il était difficile de ne pas la voir.

Le juge montre à Mme Tangorre une photographie de la famille réunie, prise le 24 mai. Luc est sur la photo, elle reconnaît le polo jaune, le pantalon gris, « ou, plutôt, blanc cassé de gris », rectifie-t-elle à la demande du juge, qu'il portait ce jour-là. Les coups de téléphone ? Elle avoue ne pas s'en être préoccupée. Elle sommeillait. La télé marchait.

– Une chose dont je suis sûre, c'est que Anne, ma belle-sœur, a téléphoné dès son arrivée à Saint-Etienne. Claude, mon beau-frère, était très malade, il est mort d'ailleurs au moment de l'arrestation de Luc. Nous étions inquiets de savoir comment il avait supporté le voyage. Anne savait que nous attendions ce coup de fil. C'est Luc qui a décroché. Il est revenu en nous disant : « C'était tata Annie, tout va bien ! »

– Se sont-ils dit autre chose ?

– Je n'en sais rien. Mon beau-frère allait bien, c'était tout ce qui m'intéressait ! Je serais bien en peine de vous dire l'heure exacte de cet appel, 20 h 30, 21 heures peut-être.

Sa déposition achevée, Marie Tangorre revient à l'idée qui la hante : l'innocence de Luc.

– D'ailleurs, je me demande comment un homme peut violer deux femmes en même temps ! s'exclame-t-elle.

Elle rappelle aussi que, dans la première affaire, le violeur avait dit à sa victime qu'il habitait Aix-en-Provence, qu'il était marié et père de deux enfants...

Cette remarque naïve pourrait prêter à sourire si elle n'était la preuve du désarroi dans lequel sont plongés ces gens depuis l'arrestation de leur fils. « Mes merveilleux parents », leur écrit Luc. Il a raison. Ils sont merveilleux, tant ils ont montré de courage, de détermination et même d'enthousiasme à le défendre.

– Reconnaître qu'il est coupable, dit le père, ce serait renier l'amour que nous avons pour lui.

9

Le 25 octobre, c'est-à-dire à la fin du délai de garde à vue de Luc Tangorre, les enquêteurs rédigent un procès-verbal de synthèse dans lequel ils évoquent brièvement les différentes étapes de leurs recherches.

Ils rappellent les faits, le trajet dans une 4 L de couleur verte de Marseille jusqu'à Nîmes, en passant par Arles et Avignon – ce qui sera plus tard un sujet de controverse entre le juge et la défense –, le viol des deux Américaines, Marilyn et Jessica. Le signalement très précis donné par les victimes, de l'agresseur d'abord, puis du véhicule : la présence à l'arrière de nombreux livres – une centaine –, empaquetés dans du plastique transparent. Les gendarmes évoquent ensuite les péripéties de leur enquête pour rechercher le coupable. L'audition de plusieurs suspects possibles. En juillet, Jessica, revenue à La Ciotat, ajoute quelques précisions à sa première audition. Elle dessine un schéma du livre au centimètre près. Elle se rappelle aussi que l'agresseur lui a confié en cours de route qu'il ne fumait pas et qu'il n'aimait pas la feria de Nîmes. Les gendarmes énumèrent alors les nombreuses vérifications auxquelles ils se sont livrés jusqu'au 18 août, date à laquelle Jean-Claude Renucci, employé de la librairie Maupetit, à Marseille, leur permet de retrouver le livre qu'ils cherchent. Il s'agit de *Coupable à tout prix*, de Gisèle Tichané, qui raconte l'affaire Tangorre. Une photo de Luc Tangorre figure même sur la couverture.

Quelques vérifications au fichier de la gendarmerie suffisent à conforter l'opinion des enquêteurs : Tangorre est un récidiviste. Il a déjà été condamné pour viols à quinze ans de réclusion criminelle. Il a bénéficié d'une grâce présidentielle de quatre ans qui, ajoutée à une libération conditionnelle, lui a permis, après sept années et demie d'incarcération, d'être libéré le 15 février 1988.

Tangorre habite pour l'instant à Lyon. Le 24 août, les gendarmes organisent une surveillance autour des lieux que fréquente le suspect. Ils repèrent d'abord la voiture de Tangorre, une 4 L de couleur verte immatriculée 2152 HA 13, qui est stationnée place Carnot. Ils en font le tour, l'inspectent et relèvent différents indices qui paraissent concorder avec les déclarations des plaignantes : la poignée de la portière arrière droite n'a pas de bouton-poussoir, les flancs du véhicule sont éraflés, le côté droit du pare-brise porte plusieurs vignettes fiscales et d'assurance. Enfin, ils notent l'absence de plage arrière, de radio et d'antenne.

Afin de vérifier si Luc Tangorre, comme on les en a informés, travaille bien au Marigny, ils en surveillent les abords et prennent plusieurs photographies du suspect. Ils ajoutent que ces photos ne seront pas jointes au dossier car elles sont de qualité médiocre. Médiocres ou pas, personne ne les verra. La défense de Tangorre avance que ces documents auraient pu être communiqués aux victimes afin de faciliter l'identification du suspect quand les enquêteurs les ont rencontrées aux Etats-Unis, au début du mois d'octobre suivant.

Ils joignent à leur rapport le résultat des réquisitions faites auprès des services de la météorologie nationale sur la persistance du jour après le coucher du soleil à la date des faits. La station de Nîmes, Coubessac, précise que, le 23 mai 1988, le soleil s'est couché à 21 h 06 (heure légale).

Pour la persistance du jour, on s'en tiendra aux normes observées dans l'aviation selon lesquelles la nuit intervient environ trois quarts d'heure après le coucher du soleil, mais cela est fonction du temps et de l'état du ciel.

Viennent ensuite le voyage aux Etats-Unis et la présentation aux deux victimes – par l'intermédiaire de la police d'Arlington – des éléments d'enquête recueillis.

Selon ce rapport, les jeunes filles reconnaissent tout : le livre, la voiture et Tangorre sur photo. Leurs témoignages « nettoyés » des scories, des hésitations, l'audition, réduite à l'essentiel, apparaît évidemment beaucoup plus formelle qu'elle ne l'a été en réalité.

Le Dr Assaf, du S.A.M.U. de Nîmes, est cité mais pas le Dr Neveu, qui a procédé à l'examen des victimes.

Le Dr Assaf s'est borné à les recevoir en état de choc, prostrées et tremblantes, disant qu'elles avaient subi des violences sexuelles, et à les diriger aussitôt sur le service de gynécologie de l'hôpital.

Ainsi, le rapport fait l'impasse sur un point délicat de l'enquête : la disparition des sous-vêtements des deux jeunes filles. Les a-t-on jetés, alors que le Dr Neveu se souvient de les avoir placés dans des sacs en plastique, ainsi qu'on le fait habituellement pour les pièces à conviction ? Ces sous-vêtements auraient – peut-être – permis de découvrir des traces plus significatives que celles qu'ont révélées les prélèvements qui, au moment où le rapport est transmis au juge, sont en cours d'analyse.

La disparition de ces sous-vêtements n'est pas mentionnée dans le rapport des gendarmes. On pourrait penser qu'il leur a semblé suffisant d'apporter la preuve que les deux étudiantes ont été violées par la description que le Dr Assaf donne de leur apparence au moment où elles sont arrivées au S.A.M.U. Suivent l'arrestation, les perquisitions, les saisies, les premiers interrogatoires de Luc Tangorre, puis de son père, l'examen de la 4 L, l'audition de Florence : huit lignes pour dire que la 4 L est en mauvais état, que Luc pratique la sodomie et qu'il lui arrive d'éjaculer deux ou trois fois lors des rapports sexuels.

La parade d'individus divers – parmi lesquels Tangorre – ressemblant à l'agresseur est ensuite évoquée. Les deux plaignantes, à tour de rôle, reconnaissent Luc Tangorre dont des photographies leur ont déjà été présentées.

La conclusion, on l'imagine, accable Tangorre. Selon les gendarmes, la multitude des détails donnés par Jessica et par Marilyn, quelques heures après les faits, portant sur le signalement de leur agresseur, sa tenue vestimentaire, le contenu de son véhicule :

– la description détaillée de la 4 L ayant pour anomalie principale l'absence de bouton-poussoir à la portière arrière droite ;

– la description de la jaquette d'un des livres entreposés dans le véhicule, que recoupe la découverte de nombreux éléments matériels lors de l'interpellation de Luc Tangorre ;

– des vêtements et des chaussures semblables ;

– une chevalière à l'annulaire de la main gauche ;

– des livres identiques,

corroborées par l'identification formelle de Luc Tangorre par les victimes, permettent de penser que Luc Tangorre est l'auteur des viols commis le 23 mars 1988 au lieu-dit mas de Boulbon, commune de Nîmes.

Avant de comparaître pour la première fois devant le juge d'instruction, Luc Tangorre s'est entretenu à la prison avec ses défenseurs.

Ceux-ci l'ont trouvé un peu nerveux, certes, mais tout aussi déterminé que lorsqu'il s'adressait, quelques jours plus tôt, aux membres de son comité de soutien. Intelligent, vif, quoique sur ses gardes, ancré dans l'obstination de n'être rien d'autre qu'innocent.

– Je sais que ma situation est difficile, dit-il. Tout semble se retourner contre moi, mais il faut me croire, garder confiance et aller au bout de la vérité... On verra bien que les filles qui m'accusent racontent n'importe quoi. Face à leurs déclarations, j'aurai plus de dix témoins pour attester que je n'ai pas pu commettre les faits qu'elles me reprochent. Au premier coup d'œil, l'affaire a l'air ficelée. Vous allez voir qu'elle ne l'est pas aussi parfaitement que les gendarmes le disent.

Depuis son arrestation, les médias, les journaux ont déjà qualifié ce nouvel épisode de « rechute ». Comme dans la première affaire, ils n'ont pas manqué de parler de dédoublement de la personnalité et évoqué – comment l'éviter ? – le modèle du genre : « Dr Jekyll et Mr Hyde ». Cela fâche beaucoup Tangorre qu'on puisse imaginer qu'il est un criminel sans le savoir, agissant sur de brusques pulsions qui, sitôt apaisées, ne lui laissent aucun souvenir. Il argumente :

– Les filles disent avoir été agressées le 23 mai par un Mr Hyde qui, d'après leur récit, devait être entraîné par des pulsions bien impérieuses. Mais, en dehors de ces faits, de février à octobre, c'est-à-dire de ma sortie de prison à ma nouvelle arrestation, c'est le silence !

Où est passé Mr Hyde ? Que sont devenues ses pulsions ? Une crise tous les huit mois, c'est bien peu pour un psychopathe aussi agité...

L'un des avocats lui fait remarquer que plaider l'innocence, l'erreur judiciaire une deuxième fois, risque d'être une tâche pleine de risque pour lui.

– On pourrait envisager une autre approche de la défense, avance-t-il.

Tangorre bondit.

– Il n'en est pas question ! Vous voulez que je vende mon âme ?

– Vous allez être le martyr de votre propre cause.

– J'en assume tous les dangers. Je ne pourrai rien dire d'autre que la vérité : je suis innocent !

« En quittant la prison, se souviennent les avocats, nous étions à la fois émus et inquiets. Inquiets parce que nous n'ignorions pas les difficultés qui nous attendaient, émus parce qu'il y avait quelque chose de touchant dans l'ardeur avec laquelle il se lançait dans cette nouvelle bataille pour sa vérité. Il émanait de ce garçon une telle rage de convaincre qu'on finissait par en être ébranlé. Nous étions allés le voir à la prison en nous posant une question : Est-il coupable ? Nous en sortions avec une autre : Et s'il était innocent ? »

10

Que peut penser un jeune juge d'instruction lorsqu'il voit atterrir sur son bureau un dossier aussi médiatisé que l'affaire Tangorre ? Qu'il a de la chance ? Que cette affaire criminelle va le sortir de l'anonymat de son cabinet ou bien, au contraire, que le dossier, qui sera suivi à la loupe par sa hiérarchie, va lui valoir un surcroît de travail et d'inévitables ennuis ?

A trente-quatre ans, le juge Christian Lernould est un homme plutôt effacé, pointilleux, dit-on, au regard un peu triste derrière des lunettes cerclées d'or. Il a été nommé au tribunal de Nîmes en 1981 et, depuis, il n'a jamais changé d'affectation. Le juge Lernould a déjà eu le temps de se familiariser avec le dossier. Il instruit ce crime depuis le 24 mai, le lendemain du jour où il a été commis. Il a vu les deux jeunes Américaines à plusieurs reprises. Il s'est même rendu aux Etats-Unis avec des gendarmes de Nîmes pour les rencontrer de nouveau. La sincérité de Jessica et de Marilyn, les nombreux détails qu'elles apportent sur les circonstances du crime, la description précise de leur agresseur et de sa voiture verte ne laissent pas de place au doute.

Les enquêteurs considèrent que l'identification puis l'arrestation de Luc Tangorre n'ont fait que découler normalement de l'accumulation et de la précision des témoignages des deux victimes.

Déjà condamné pour un crime similaire à quinze ans de réclusion criminelle, Luc Tangorre a tout simplement récidivé, comme cela se produit souvent dans ce genre d'affaires. Il n'est pas nécessaire d'aller chercher plus loin. Les gendarmes de Nîmes pensent avoir réuni suffisamment d'éléments pour démontrer sans contestation possible la culpabilité de Tangorre devant un jury de cour d'assises. La tâche du magistrat ne consistera donc, pensent-ils, qu'à étayer ces éléments, à les consolider, afin de présenter à la cour et aux jurés un dossier sans faille. L'inculpé, il est vrai, s'est conduit en vrai Petit Poucet, semant les preuves du crime sur son passage. Trop de preuves, serait-on tenté de dire... Il est à craindre néanmoins que le magistrat instructeur se contente de conforter les résultats de l'enquête policière qui ne conduit qu'à une seule piste : celle de Luc Tangorre.

L'inculpé et les deux victimes sont confrontés dans le bureau du juge Lernould au cours de la matinée du 4 novembre. La veille, François Vidal-Naquet a demandé au magistrat instructeur de faire procéder à une expertise génétique afin de savoir si les spermatozoïdes altérés, retrouvés dans les prélèvements pratiqués le soir même du viol sur les victimes, pouvaient être identifiés comme appartenant à Luc Tangorre.

Dans la même lettre, l'avocat a souligné l'urgence d'une confrontation entre son client et les deux jeunes filles. Pour ce qui concerne la confrontation, le juge a donc fait diligence en profitant de la présence en France des victimes. Une scène pénible éclate dans le cabinet du juge, au moment où Jessica et Marilyn vont être mises en présence de celui qu'elles désignent comme leur agresseur. Elles sont assises face au bureau du juge Lernould lorsque Tangorre entre accompagné de Me Vidal-Naquet.

Le juge s'adresse directement à Jessica :

– En votre âme et conscience, reconnaissez-vous l'inculpé ?

Avant même qu'elle ne réponde, Tangorre explose. Il se lève et se met à hurler :

– Mais pourquoi vous me faites ça ? Menteuses ! Salopes ! Vous savez bien que ce n'est pas vrai !

En proie à une crise de nerfs, l'inculpé est entraîné dans le couloir par les gendarmes. Son avocat le rejoint et, en le raisonnant, parvient à le calmer. La confrontation peut reprendre. Elle n'est, au fond, qu'une formalité. Les deux plaignantes reconnaissent évidemment Tangorre, comme elles l'ont reconnu à la gendarmerie de Lyon et sur les photos, aux Etats-Unis.

– Formellement, ajoutent-elles à tour de rôle.

– De quoi l'accusez-vous ?

– Il m'a violée, répond Jessica.

On lui demande de préciser.

– Plusieurs fois.

Même réponse pour Marilyn qui, elle, fond en larmes. L'interprète, Mme Cauzid-Espérandieu-Paound, la console. Le juge peut reprendre. Il s'adresse à Tangorre :

– Reconnaissez-vous les deux témoins ?

– Non, pas du tout.

– Contestez-vous qu'elles aient été violées ?

– C'est mon intime conviction. Ce sont deux comédiennes !

Jessica et Marilyn sont alors conviées à rappeler dans quelles conditions elles ont été prises en stop à

Marseille, à décrire le trajet en dehors de l'autoroute, « parce que ça coûtait cher ».

– Faisait-il jour au moment des viols ?

– Oui, quand il a commencé, mais, quand il a fini, il faisait nuit.

Se tournant vers Tangorre, le juge Lernould poursuit :

– Elles vous reconnaissent. Contestez-vous encore être l'auteur des faits ?

– Et vous, vous y croyez ? Je n'ai pas à contester. Ces faits n'ont pas existé, monsieur le juge.

Dernier incident : Jessica, qui a tenu la main de Marilyn depuis qu'elle a éclaté en sanglots, se met à pleurer à son tour.

– Elle va être malade, dit l'interprète au juge.

Les deux Américaines sortent, accompagnées de l'interprète, et une fois calmées, quittent le palais de justice.

Une pause, puis le juge rappelle Luc Tangorre pour l'interroger, seul cette fois. Me Vidal-Naquet, comme pour la confrontation, assiste son client. Le parquet a délégué un observateur, le substitut Nannini, pour assister à l'audition.

Première série de questions. Le juge cherche à conduire l'inculpé à reconnaître que les deux plaignantes ont été effectivement violées, ce dont Tangorre a déclaré douter jusqu'ici.

– A l'heure où elles prétendent avoir été violées, je me trouvais à Marseille.

Le juge présente à l'inculpé les analyses des prélèvements pratiqués à Nîmes.

– Contestez-vous encore ?

– Tout ce que je peux vous dire, c'est que je n'étais pas à Nîmes le 23 mai.

Le magistrat fait alors état des conclusions du Pr Doutremepuich qui a examiné les prélèvements faisant état de la présence de spermatozoïdes altérés ou sans flagelles.

– Contestez-vous encore le viol ?

Luc Tangorre rappelle au juge qu'il a déjà demandé un approfondissement des analyses comparatives pour déterminer qu'en aucun cas son sperme n'a pu être prélevé sur les jeunes filles.

– Répondez à la question.

– J'ai mon idée à ce sujet... Ce n'est pas mon problème. Il m'a été conseillé de prouver que ça ne pouvait pas être moi en justifiant mon emploi du temps.

– Admettez-vous qu'elles ont été violées ?

– A mon avis, non !

Le juge renonce. Tangorre s'obstine à ne rien reconnaître, même que les jeunes filles ont été violées, ce qui ne le met pas nécessairement en cause.

On évoque alors les livres dans la 4 L verte au moment des faits, que les plaignantes ont reconnus comme étant *Coupable à tout prix*.

Le 15 juillet, les gendarmes, profitant du passage de Jessica à La Ciotat, l'ont interrogée. La jeune fille a, de mémoire, dessiné la jaquette du livre. Un dessin d'une précision qui peut surprendre. Luc Tangorre ne nie pas que ce dessin corresponde à son livre.

– Comment l'expliquez-vous ?

– Ce n'est pas à moi de l'expliquer, mais à elles !

Le juge Lernould rappelle à l'inculpé que Jessica a signalé aux gendarmes la présence de ces livres et en a fait une description détaillée le 24 mai, quelques heures après les faits.

La question met Tangorre en colère, cette histoire de livres lui paraît incohérente. Pour que les Américaines puissent en faire une description si précise, c'est qu'ils étaient bien en vue et qu'elles ont eu tout le temps de les regarder pour les décrire trois mois plus tard.

– Ça ne tient pas debout ! Est-ce que vous allez tuer quelqu'un en laissant votre carte de visite sur le cadavre ? s'écrie-t-il.

Il en est de même pour les différents éléments de preuve signalés par les victimes et retrouvés au moment de l'arrestation de Tangorre.

– Tout cela montre que c'est un coup monté, dit-il.

Pour ce qui concerne la voiture, il signale qu'il a été victime d'agissements suspects.

– On a ouvert le véhicule à plusieurs reprises. Des inconnus l'ont déplacé et remis en place. J'ai dû faire appel à un mécano pour replacer les fils de contact. Je l'ai signalé à mon éducateur, M. Brossard.

Questionné à ce sujet cinq jours plus tard, Gilles Brossard répond que Luc Tangorre ne lui a parlé de rien. Qui croire ? Le juge continue à passer en revue les différents objets retrouvés qui avaient été remarqués par les jeunes filles : la chevalière, le cartable, la pochette, les lunettes de soleil...

– Je suis étonné qu'elles n'aient pas mentionné la marque des lunettes tant qu'elles y étaient ! remarque Tangorre. Est-ce que vous avez vu une seule fois dans votre carrière des victimes faire une description aussi précise et aussi détaillée de ce qui entoure un crime qui a dû être traumatisant ?

– Selon vous, étaient-elles traumatisées lors de la confrontation ?

– Ce que je sais, c'est qu'à aucun moment elles n'ont affronté mon regard. Par contre, si quelqu'un est traumatisé dans cette affaire, ça n'est pas elles, c'est moi !

Luc Tangorre rappelle ensuite sa version des journées des 22 et 23 mai, le dimanche et le lundi de Pentecôte.

– Le jour de mon arrestation, je n'avais pas répondu à cette question. Quand les gendarmes ont précisé qu'il s'agissait de la Pentecôte, j'ai pensé que ça devait correspondre avec le baptême de ma nièce Elodie. Je n'en étais pas sûr. Ce n'est que peu après, et avec l'aide des photos et des films pris ce jour-là, que la mémoire m'est revenue.

Et il raconte la journée du dimanche à Vinon, le retour à Marseille dans la nuit... la promenade le lendemain matin aux Calanques et à la Bonne-Mère avec quatre passagers dans la 4 L, la tante Lucienne, tatie Dufraisse, la cousine Stella et le petit neveu qui est sourd-muet, une longue promenade, le retour vers 15 h 30 puis le repas, un copieux couscous. Le déjeuner familial s'est terminé tard, 18 heures, 18 h 30, 19 heures, par là.

– Ensuite, tout le monde est reparti, les uns sont rentrés à Lyon, les autres à Saint-Etienne. Moi, je suis resté avec mes parents. Il y avait longtemps que je n'avais pas passé une soirée avec eux.

Le juge, insistant sur le moindre détail, cherche à pousser Tangorre « à la faute », comme disent les sportifs. Les gendarmes l'ont averti, l'alibi de Tangorre repose sur le témoignage collectif de la famille. Aux déclarations des victimes qui accusent l'inculpé de les avoir violées dans la soirée « au moment où l'on passe du jour à la nuit », Tangorre oppose un alibi :

– Nous étions tous réunis pour le baptême d'Elodie, nous avons mangé un couscous, les membres de ma famille sont repartis chez eux dans la soirée, entre 18 heures et 19 heures. Après leur départ, je suis resté avec mes parents.

L'alibi est solide, irréfutable, Tangorre n'a pas pu être en même temps à Marseille et à Nîmes. Sauf si l'horaire des faits mentionnés par l'inculpé est décalé.

Pour la première fois, Tangorre précise qu'au cours de la soirée il a donné et reçu des coups de téléphone. Il a appelé notamment Claire-Lise Foiret avec qui, depuis sa sortie de la prison de Muret, il avait entretenu une relation sentimentale. Ils avaient rendez-vous à Avignon le mardi 24, à 14 heures.

– Je crois me souvenir que l'heure du rendez-vous a été changée. C'est peut-être la raison pour laquelle je l'ai appelée le lundi 23 aux alentours de 21 heures. Entre 20 heures et 21 heures, je ne peux pas être plus précis.

Mme Foiret, professeur de mathématiques à Albi, est entendue par le juge quatre jours plus tard. Elle rappelle la chronologie des faits. Au début du mois de mai, Tangorre et elle avaient envisagé de se retrouver le mardi 24 à Lyon. Au cours des jours qui suivirent, plusieurs coups de téléphone changeront les horaires et les lieux du rendez-vous. Jusqu'au soir du 23 mai, le lundi, où « un coup de téléphone impromptu pendant notre repas fixe le rendez-vous non plus à Lyon mais à Avignon. Ce coup de téléphone a eu lieu au moment où nous étions au milieu du repas ». « Nous », c'est-à-dire la mère de Claire-Lise Foiret, Mme Eminet, et sa fille Frédérique. Elles se trouvaient toutes trois réunies ce soir-là. Décidément, c'était le jour des anniversaires. La famille Eminet fêtait les quatre-vingt-dix ans de la grand-mère à Novalaise, en Savoie. A midi, ils s'étaient tous réunis au restaurant. Le soir, seule Claire-Lise et sa fille Frédérique étaient restées avec Mme Eminet et la grand-mère.

– Quand le téléphone a sonné, il était entre 20 h 30 et 21 heures, témoigne Mme Eminet, qui précise : La grand-mère n'était pas encore couchée et elle se couche à 21 heures.

– Le téléphone a sonné vers 21 heures, déclare Frédérique, qui s'en souvient très bien car cet appel conditionnait l'emploi du temps du lendemain.

– Entre 20 h 30 et 21 h 15, confirme Claire-Lise.

C'est Mme Eminet qui a décroché.

– C'était Luc Tangorre... J'ai appelé ma fille.

– J'ai été surprise, explique Claire-Lise, car je n'attendais pas ce coup de téléphone. Je revois très bien ma mère décrocher, puis se retourner en me disant : « C'est Luc... » J'ai été à la fois ravie et inquiète. En définitive, il m'appelait pour un changement de programme qui m'arrangeait bien. Il était très fatigué, ce qui ne m'étonnait pas, et il voulait changer le lieu du rendez-vous.

Ils se sont mis rapidement d'accord : ils se retrouveraient à Avignon, au buffet de la gare, à 16 heures.

Le juge fait remarquer à Mme Foiret que, lors des contacts qu'elle a eus avec les journalistes, elle n'a pas fait état de ce coup de téléphone. Elle explique qu'à ce moment-là elle ne savait rien des accusations portées contre Luc Tangorre, ni du moment supposé où les faits qu'on lui reprochait s'étaient déroulés. Elle ajoute que, dès qu'elle s'est rendu compte de l'importance de ce coup de téléphone, elle a aussitôt télégraphié au juge pour l'informer qu'elle avait des déclarations à faire à ce sujet.

Une fois encore, le juge demande à Mme Foiret si elle est bien sûre de la date et de l'heure du coup de téléphone.

– Je me suis posé la question. (Le témoin reconnaît que, si elle avait été seule, à la rigueur, elle aurait pu douter d'elle-même.) Nous sommes trois à nous rappeler ce coup de téléphone, ma mère, ma fille et moi.

Le père de Luc sera également appelé à faire une

déposition sur ce coup de téléphone, quelques jours plus tard, le 16 novembre.

M. Joseph Tangorre a confirmé que son fils avait bien passé la journée du 23 mai et la nuit qui a suivi à Marseille, en compagnie de sa femme et lui.

Dans une première déposition, le témoin avait déclaré aux gendarmes que son fils avait téléphoné dans la matinée du mardi 24 à une personne avec qui il avait rendez-vous ; il devait lui remettre des livres et ensuite partir pour Albi. Vu sous cet angle, on peut penser que ce coup de téléphone, qui s'adressait à Claire-Lise Foiret pour déplacer à Avignon le rendez-vous précédemment prévu à Lyon, avait été passé dans la matinée du 24 mai et non dans la soirée du 23 mai ainsi que le prétendaient l'inculpé, mais aussi Claire-Lise Foiret, sa fille et sa mère.

Joseph Tangorre se souvient très bien d'avoir dit aux gendarmes :

– Le soir du 23 mai, vers 21 heures, Luc a téléphoné à une personne, dont j'ignore l'identité, à qui il donnait rendez-vous pour le 24 mai, en début d'après-midi. Si les gendarmes ont mal interprété mes propos, conclut-il, ils l'auront sur la conscience !

Le juge fait alors remarquer à M. Tangorre que, dans sa deuxième audition, il s'était très bien souvenu de l'appel du 24 mai au matin mais qu'en revanche il n'avait fait qu'évoquer d'éventuels coups de téléphone donnés par son fils le 23 dans la soirée.

– Ce n'est tout de même pas défendu de « mémoriser » ! s'écrie M. Tangorre.

C'est bribe par bribe que la mémoire lui est revenue, explique-t-il, et les souvenirs se sont précisés. De toute façon, il confirme :

– Luc a téléphoné lundi soir à Claire-Lise Foiret. C'est lui aussi qui, vers 21 heures ce soir-là, a pris l'appel de tata Annie qui annonçait que toute la famille était arrivée à bon port.

On n'ira pas au-delà. La direction opérationnelle des Télécommunications requise par le juge afin de rechercher les numéros de téléphone qui auraient pu être appelés par l'abonné Joseph Tangorre à Marseille, le 23 mai, entre 17 heures et 24 heures, se révèle négative, « l'abonné étant raccordé à un central électromagnétique qui ne peut avoir accès à la facturation détaillée. »

Ainsi, ce sujet restera en balance. Face aux déclarations des plaignantes, Luc Tangorre pourra opposer toute une série de témoignages affirmant que l'inculpé se trouvait chez ses parents vers 21 heures le 23 mai, au moment même où l'agression se produisait à deux cents kilomètres de là.

Les gendarmes, en enquêtant autour des lieux du crime, à Nîmes, avaient repéré des cabines téléphoniques d'où Tangorre, après les faits, aurait pu appeler Claire-Lise Foiret. Cette éventualité n'apporte pas de réponse à l'appel de tata Annie signalant le retour de la famille à Saint-Etienne. Mme Anne Bouit – tata Annie – est formelle : elle a reconnu la voix de Luc. Il était 21 heures, à une demi-heure près.

Toute la famille sera interrogée. En désespoir de cause, les enquêteurs feront remarquer que seuls des proches de Tangorre étayent son alibi. Comment pourrait-il en être autrement puisque ce baptême était exclusivement une réunion familiale !

11

Revenons au cabinet du juge Lernould, ce 4 novembre 1988. L'épisode des téléphones a pris beaucoup de temps. Le face-à-face s'achève. Luc Tangorre reste sur ses positions. Il pense que toute cette affaire est une machination montée par certaines personnes qui n'ont pas admis que le président de la République et le garde des Sceaux l'aient remis en liberté.

– C'est l'hypothèse qui me semble la plus plausible, dit-il.

Si c'était vrai, pourrait-on faire traverser l'Atlantique aux deux plaignantes de nationalité américaine qui ont confirmé leurs accusations sous serment ?

Pour Tangorre, le fait que les deux plaignantes soient au-dessus de tout soupçon « et non des prostituées du coin » confirme sa thèse du coup monté. Le fait qu'elles soient américaines également, car l'éloignement empêche la défense de procéder à leur sujet aux vérifications qui seraient nécessaires.

– Ces crimes n'existent pas, conclut-il, je ne suis pas l'auteur de ces viols imaginaires, inventés pour me nuire.

Un autre point sur lequel le dossier achoppe : ce sont les analyses des prélèvements effectués à l'hôpital de Nîmes sur les deux victimes au cours de la nuit qui a suivi l'agression.

On se souvient que les premiers examens de laboratoire n'avaient pas été concluants.

Nous sommes un lundi de Pentecôte, ne l'oublions pas, l'hôpital est désert. Seuls veillent quelques internes de garde et une poignée d'infirmières qui assurent la marche du service.

On conduit les deux jeunes filles d'abord au S.A.M.U. où le médecin réanimateur, le Dr Nabib Assaf, les reçoit. Il les décrit prostrées, tremblantes, à première vue en état de choc et, comme elles se plaignent d'avoir été victimes de violences sexuelles, il les dirige aussitôt vers le service de gynécologie de l'hôpital Caremeau où le Dr Sylvie Neveu et l'interne Karina Grar les examinent.

Elles racontent leur mésaventure : un homme de trente ans, conduisant une 4 L les aurait prises sur le bord de la route et aurait abusé d'elles. Jessica se plaint d'avoir reçu des gifles et des coups de pied, l'autre plaignante, Marilyn, affirme également avoir été violée. Toutes deux ont subi des rapports anaux. Toutefois, l'examen clinique ne révèle aucune trace de violence, aucune lésion, ni d'hématome corporel à aucun niveau.

Les médecins précisent que Marilyn « est vierge et n'a jamais eu de rapport ». Elles constatent sur l'une et l'autre des victimes la présence d'un « enduit graisseux, de l'huile semble-t-il », que l'agresseur aurait utilisé pour violer ses victimes. Les médecins concluent : pour Jessica, l'interrogatoire et l'examen clinique sont évocateurs d'un viol, alors que pour Marilyn, d'après les dires de la patiente et l'examen clinique, on peut penser qu'il y a eu un rapport rectal de force. Des prélèvements sont envoyés au laboratoire. Les deux plaignantes s'en vont accompagnées par les gendarmes. Elles laissent leurs sous-vêtements que le Dr Neveu déclare avoir placés aussitôt dans des sacs en plastique comme pièces à conviction. Encore traumatisées, Jessica et Marilyn oublient le billet de cent francs que l'agresseur leur a donné pour qu'elles puissent prendre un taxi afin de regagner Nîmes. On ne le retrouvera pas. Deux jours plus tard, les résultats des analyses reviennent du laboratoire. Ils sont pour le moins surprenants. Pour Marilyn, l'examen n'a pas révélé la présence de spermatozoïdes, sauf sur le frottis anal où les anatomistes ont repéré « de très rares petits corpuscules sans flagelles pouvant correspondre à des têtes de spermatozoïdes fortement altérés ». Mêmes résultats pour Jessica : les deux frottis révèlent la présence de quelques spermatozoïdes en assez faible proportion et également fortement altérés.

Voilà qui pourra servir de point de départ à une discussion magistrale entre doctes spécialistes.

Que veulent dire ces conclusions ? Elles confirment les rapports sexuels, puisqu'on découvre des spermatozoïdes dans les frottis ; en revanche, l'état dans lequel on les retrouve – « altérés et sans flagelles » – semble montrer que les rapports pourraient s'être produits bien avant – vraisemblablement plusieurs heures – le moment indiqué par les jeunes filles.

La durée de vie des spermatozoïdes est au minimum de seize à vingt-quatre heures et peut se prolonger jusqu'à quatre jours. Le fait qu'ils aient été retrouvés sur les lamelles peu nombreux et dispersés, altérés et sans flagelles, semble montrer qu'ils étaient en fin de vie. Or, les viols se situaient, d'après les victimes, entre le crépuscule et la nuit, soit autour de 21 heures, six heures environ avant que les prélèvements ne soient effectués à l'hôpital Caremeau.

Certains spécialistes consultés allégueront que les spermatozoïdes ont pu être altérés et perdre leurs flagelles à la suite de maladresses en cours de manipulation. Pour d'autres, au contraire, même si l'on accepte cette version très improbable, elle n'explique pas la dispersion et la rareté des spermatozoïdes six heures seulement après les rapports sexuels. Certains avancent aussi l'hypothèse que l'huile d'automobile dont l'agresseur a enduit ses victimes et lui-même au moment des viols a provoqué les altérations constatées et réduit la durée de vie des spermatozoïdes.

Le Pr Doutremepuich, de la faculté de Bordeaux, dans la conclusion des diverses analyses dont il a été chargé, écarte formellement cette hypothèse : « La durée de vie des spermatozoïdes ne peut en aucune façon être diminuée par la présence des lipides décelés dans les frottis, dit-il. L'huile de moteur n'était pas pour eux un milieu particulièrement défavorable. »

A ce moment-là de l'enquête, on espère encore que l'expertise génétique, demandée par Me Vidal-Naquet dès l'arrestation de Tangorre et ordonnée par le juge, permettra de savoir au moins si l'inculpé est vraiment l'agresseur.

Un incident retarde cette analyse dont les conclusions ne sont déposées que le 15 décembre, soit un mois et demi plus tard. Le juge Lernould voulant faire procéder à des prélèvements sanguins et salivaires sur Tangorre, sans que l'expertise effectuée sur les victimes ait été notifiée par avance à la défense, l'inculpé se refuse à tout prélèvement lorsque, dans la matinée du 10 novembre, l'infirmière de la maison d'arrêt l'appelle à l'infirmerie.

Ces prélèvements seront effectués plus tard et confiés

au Pr Doutremepuich. Malheureusement, le procédé utilisé pour les prélèvements effectués sur les victimes rend impossible l'analyse de l'A.D.N. Une analyse comparative devient de ce fait impossible.

Que s'est-il passé à l'hôpital Caremeau de Nîmes ? Le Dr Sylvie Neveu, entendue par le juge le 7 novembre, rappelle qu'elle a examiné les deux Américaines entre 1 heure et 2 heures du matin en compagnie du Dr Karina Grar. Le résultat de l'examen a été consigné sur un certificat médical aux fins de l'enquête. Le Dr Neveu explique qu'avec sa consœur elle a effectué des prélèvements qui ont été mis immédiatement sur des plaquettes et transmis au laboratoire.

Quant à la disparition des sous-vêtements des victimes, le Dr Neveu ne peut qu'avancer une hypothèse : ces sous-vêtements qui étaient souillés d'huile brunâtre ont été placés dans des sacs en plastique à l'intention des enquêteurs. Ils ont malencontreusement disparu avant qu'on ait pu les leur remettre, jetés sans doute par mégarde par un membre du personnel.

Les gendarmes avaient-ils quitté l'hôpital ? Certainement pas. Alors, pourquoi ne leur a-t-on pas remis sur-le-champ les pièces à conviction qui auraient probablement permis l'analyse comparative que demandait l'inculpé, les prélèvements n'ayant pas encore été fixés ni colorés en laboratoire ?

Tangorre proteste. Cette navrante succession d'erreurs le met dans l'impossibilité, estime-t-il, d'apporter la seule preuve flagrante de son innocence – la recherche de l'A.D.N. et la comparaison entre les prélèvements effectués sur les victimes et ceux auxquels l'inculpé s'est finalement prêté. Il pense que tout n'a pas été fait alors qu'il a demandé, dès son arrestation, qu'on établisse le code génétique du prélèvement effectué sur les victimes et de le comparer avec un prélèvement réalisé sur lui.

– Vous avez refusé ces examens, reproche-t-il au juge.

En réalité, il était déjà trop tard. La destruction des preuves remontait au cours de la nuit qui avait suivi les faits. A partir de là, comme le fait remarquer le magistrat instructeur, il n'était plus possible de savoir scientifiquement si le sperme prélevé sur les victimes était celui de Tangorre.

Et on ne le saura jamais...

Raison de plus pour s'élever contre l'absence totale d'enquête sur les victimes. Pourquoi ? La personnalité des parents – le beau-père de Jessica est un membre influent du parti démocrate, le père de Marilyn maire de la petite ville où habite sa famille – a peut-être joué pour que les enquêteurs évitent de trop tracasser les deux jeunes filles déjà bien punies de leur fugue.

Est-ce pour cela qu'on ne sait rien, absolument rien en dehors des déclarations extrêmement brèves des deux victimes, sur ce qu'a pu être la motivation de ce voyage vers la Côte d'Azur et leur conduite du moment où elles ont quitté Paris jusqu'à ce qu'elles appellent les gendarmes d'une borne de l'autoroute à Nîmes ? Il aurait pourtant été facile d'identifier le chauffeur de l'autocar qui conduisait les marins américains à Marseille, le taxi qui les a transportées jusque dans les environs de Toulon et dont elles avaient relevé le numéro d'immatriculation. Facile aussi de retrouver le restaurant de La Seyne où elles disaient avoir déjeuné, les personnes qu'elles déclaraient avoir rencontrées. Ce n'était pas mettre en doute la bonne foi de ces jeunes filles que de rechercher la vérité. Il y avait peut-être dans l'inexplicable périple de Jessica et de Marilyn, dans leur attitude, des éléments qui pouvaient éclairer l'enquête. Il aurait été important aussi de connaître plus en détail les conversations dans la voiture entre les Américaines – Jessica se débrouillait très bien en français – et celui qui allait les agresser. A peine si elles font état dans leurs déclarations de quelques phrases échangées. Est-il vraisemblable qu'ils aient si peu parlé au cours des deux heures que dura le voyage ? Est-il possible que Jessica, assez communicative, n'ait rien dit au garçon de l'excitante et folle journée qu'elle venait de vivre avec sa camarade ? Est-il possible encore que l'agresseur soit brutalement passé à l'acte sans que ces jeunes filles, qui ont prouvé par ailleurs leur sens de l'observation, n'aient pas senti monter la tension qui a dû s'emparer de lui à partir du moment où il a décidé de les violer toutes les deux ?

Toutes ces questions resteront sans réponse, et personne ne s'en étonnera au cours de l'instruction ni pendant le procès. N'est-ce pas la preuve que, dès le moment où la découverte du livre a permis d'identifier Tangorre, on considère à tous les échelons, policiers et judiciaires, qu'en fonction de la première affaire – sur laquelle, nous l'avons vu, planent un certain nombre de doutes – il est sans conteste coupable ? Qu'il le soit ou non, il apparaît déjà que le parti pris de sa culpabilité va nuire à l'objectivité de l'enquête et que pour parer au plus pressé, c'est-à-dire au procès, on construira le dossier en empilant les éléments à charge et en écartant ceux qui pourraient égarer les jurés sur une autre voie. Pour faire pièce aux doutes émis par l'inculpé sur la réalité des viols, le juge réplique en communiquant à Luc Tangorre les conclusions des expertises psychiatriques auxquelles ont procédé les Drs Chabrand et Agussol, de Nîmes, auprès des victimes. Ils n'ont constaté chez l'une et chez l'autre aucune anomalie mentale ou psychique. Elles ne sont ni suggestibles, ni fabulatrices, ni mythomanes. Jessica n'est pas particulièrement impressionnable alors que Marilyn peut être impressionnée par la police. Du point de vue médical, les experts considèrent que les déclarations des deux victimes sont dignes de foi et que leurs dires sont crédibles.

Ces documents sont importants parce qu'ils apportent la preuve « médicale », fournie par les deux psychiatres, de la sincérité des victimes tout en notant que l'une, Marilyn, « est manifestement désireuse de ne pas fournir de détails "objectifs" mais qu'elle accepte d'évoquer de façon allusive une situation effrayante », et que l'autre, Jessica, « redoute d'avoir à revenir sur le récit des faits ».

Ce qui est encore plus étonnant, c'est qu'aucun des deux rapports d'expertise n'aborde la question de la fugue qui a conduit les deux jeunes filles à Nîmes. Au cours de l'examen, les victimes évoquent leurs familles, leurs études, mais ne sont à aucun moment invitées à raconter pourquoi, alors qu'elles avaient des examens probatoires le mardi, elles ont tout à coup décidé de partir pour la Côte d'Azur. Parce qu'elles avaient envie de voir la mer, disent-elles seulement. Est-ce une motivation suffisante pour expliquer un acte en rupture totale avec leur mode de vie habituel ? Ce brusque « coup de folie » est-il à ce point dénué de signification psychologique pour qu'on puisse, sans tenter de l'expliquer, partager les conclusions des psychiatres ?

Ces rapports seront versés au dossier sans qu'on cherche à en savoir plus.

12

Les 9 et 10 novembre, les gendarmes se rendent à Saint-Etienne et à Lyon pour reconstituer les différents épisodes du baptême d'Elodie. La fête devait se dérouler en deux endroits distincts. Aussitôt après la cérémonie religieuse, le groupe familial se rendait à Vinon, à la limite du Var et des Alpes-de-Haute-Provence, où les Manquat possèdent une propriété. On avait mangé, on avait dansé, on avait un peu bu aussi, la fête avait duré jusqu'à la nuit. La famille Tangorre avait regagné Marseille où elle s'était répartie dans les appartements de Joseph Tangorre et des Manquat. On connaît la suite, la visite des Calanques et de la Bonne-Mère, le repas de midi avec un couscous, puis le retour au foyer des invités, vers Saint-Etienne et Lyon.

Ce que veulent les enquêteurs en interrogeant un à un les membres de la famille, c'est confronter les horaires. La pêche n'est pas miraculeuse : la promenade s'est terminée entre 12 h 30 et 13 heures. Seul, le cousin Roland pense que c'est plutôt vers 14 heures, mais ça ne change rien. Le repas s'est achevé vers 16 h 30-17 heures et tous ont pris la route aussitôt pour arriver chez eux aux alentours de 19 h 30-20 heures. Anne Bouit, la sœur de Joseph Tangorre, a alors téléphoné à Marseille « pour les rassurer, dit-elle, car mon mari était bien malade. C'est Luc qui m'a répondu ». Jean-Paul, son fils, confirme :

– Systématiquement mon père et ma mère donnaient à chaque voyage un coup de téléphone pour rassurer la famille. (Il ajoute, cependant :) Ce soir-là, je ne peux pas vous dire avec certitude s'il a été donné, mais il me semble que c'est ma mère qui a dû appeler car mon père était très fatigué.

– J'ai appelé tout de suite en arrivant, précise Anne Bouit, je voulais les rassurer. Je suis formelle, la voix qui m'a répondu était celle de Luc.

Incidemment, les gendarmes demandent à Mme Dufraisse et à Mme Piazza, qui le matin avaient effectué la visite de Marseille assises à l'arrière de la 4 L de Luc Tangorre, si elles ont des précisions à apporter sur la voiture.

– Elle n'était pas en très bon état, il y avait une portière qui fermait mal. Je ne peux pas vous dire si c'était à l'avant ou à l'arrière.

Les deux témoins se souviennent aussi d'avoir donné chacune cinquante francs à Luc Tangorre qui s'est arrêté dans une station-service pour faire le plein.

– C'était avant d'arriver aux Calanques. Luc s'est fait gronder par son père qui se trouvait dans une voiture suiveuse parce que l'essence avait débordé.

C'est plus tard seulement qu'il leur reviendra en mémoire que la banquette arrière de la voiture n'était pas fixée.

– A chaque tournant, elle bougeait, ça nous faisait rire car nous devions nous cramponner.

Pourquoi n'ont-elles pas évoqué cette anomalie plus tôt ? Parce qu'on ne le leur avait jamais demandé, et puis pouvaient-elles imaginer que la question était importante ?

La « reconstitution » des horaires du baptême d'Elodie n'apportera rien de nouveau à l'enquête.

Les membres de la famille ont quitté Marseille aux environs de 17 heures. Plusieurs d'entre eux ont fait état de la présence de la 4 L verte stationnée le long du trottoir, de l'autre côté de la rue Sainte-Cécile, juste en face du domicile des Tangorre. Luc, à ce moment-là, était avec ses parents. Cela ne veut rien dire puisque les deux Américaines sont arrivées à Marseille vers 19 heures et qu'elles ont été presque aussitôt prises en stop par le chauffeur d'une 4 L verte à proximité de la gare des bus de Montolivet, « qui se trouve à quinze minutes en voiture du domicile des parents de Luc Tangorre », précise le juge d'instruction. Ce n'est pas une preuve, néanmoins Luc Tangorre – s'il est coupable – a eu le temps de rester avec ses parents près de deux heures avant de quitter Marseille au volant de sa voiture. Pour quelle destination ? Lyon ? Avignon ? Et c'est en se dirigeant vers le nord de la ville qu'il a aperçu les filles et s'est arrêté pour les prendre à son bord.

Hypothèse incompatible avec les déclarations des parents selon lesquelles leur fils ne les a pas quittés depuis le départ de la famille jusqu'à l'après-midi du lendemain. Incompatible aussi avec le témoignage de la tante, Mme Bouit, qui affirme avoir téléphoné chez les Tangorre vers 20 h 30, et avoir eu Luc au bout du fil.

Incompatible encore avec l'appel de Luc Tangorre, dans la soirée du 23 mai, vers 20 h 30, à Claire-Lise Foiret, pour changer le lieu du rendez-vous prévu pour le lendemain, de Lyon à Avignon. Appel confirmé par la fille et la mère de Mme Foiret.

L'accusation ne récuse pas ces trois témoignages concordants. Luc a donc bien téléphoné, mais comme aucun témoin ne peut dire d'où venait cet appel, il n'est pas exclu qu'il ait pu être donné d'une cabine téléphonique. Les enquêteurs fournissent même une orientation : il existe une cabine à quelques centaines de mètres des lieux du viol. Claire-Lise Foiret a précisé, par souci de vérité, qu'elle avait reçu un coup de fil entre 20 h 30 et 21 h 15, laissant une large fourchette de quarante-cinq minutes.

S'il est coupable, Luc Tangorre ne peut pas avoir téléphoné alors qu'à cette heure-là, d'après les victimes, il s'apprête à les violer dans la pommeraie. Il ne les libérera qu'une heure plus tard.

Ne pouvant pas rejeter en bloc le témoignage de Claire-Lise confirmé par sa mère et sa fille, les enquêteurs vont essayer de le faire glisser dans le temps. Une heure plus tard, par exemple.

Mme Foiret se fâche.

– Nous ne pouvons nous tromper toutes les trois d'une heure !

L'acte d'accusation évacuera néanmoins le problème d'une formule ambiguë : « Si la réalité du coup de téléphone ne peut, semble-t-il, être mise en doute, l'extrême précision de l'heure est moins certaine... »

Bien que le témoignage de Mme Anne Bouit paraisse crédible, il est carrément controversé puisque « aucun des membres de sa famille ne peut apporter de précisions sur cet appel et le confirmer ».

D'ailleurs, on ne peut pas se fier à ce témoignage, laisse entendre l'instructeur : Mme Bouit a reçu ce même soir un coup de téléphone de son frère Mathieu et elle ne s'en souvient pas.

Il ne reste donc que le père et la mère pour affirmer que leur fils a passé la soirée avec eux à Marseille... Or, le témoignage des parents, pour des raisons « qu'on peut aisément comprendre sans les admettre », glisse le magistrat instructeur, ne peut être considéré comme objectif, d'autant que Joseph et Marie Tangorre ont, au cours de leurs auditions, fait évoluer leurs témoignages. Ainsi, ce n'est que dans sa troisième déclaration que M. Tangorre se souvient du coup de téléphone de sa sœur Anne dans la soirée du 23. En revanche, il situe tout d'abord dans la matinée du 24 – le lendemain des faits – l'appel de Luc à Claire-Lise pour changer leur rendez-vous. Plus tard, il rectifiera devant le juge et situera ce coup de téléphone dans la soirée du 23, ce que Mme Foiret, sa mère et sa fille déclaraient depuis leur première audition.

Il y a deux façons d'appréhender « l'évolution » des témoignages du père de Luc Tangorre. Ou l'on considère qu'il les adapte au fur et à mesure pour répondre aux besoins de la défense de son fils, ou il ne se souvient des détails que petit à petit, par bribes, en « mémorisant », comme il dit. Tout cela, ne l'oublions pas, se déroule en quelques jours, entre l'arrestation de Luc et la première audition de M. Joseph Tangorre. Moins d'une semaine plus tard, le témoignage est en place. Il ne variera plus... On peut imaginer que cette semaine-là a été difficile à vivre pour les parents de l'inculpé et comprendre qu'ils aient pu, dans l'orage qu'ils traversaient, avoir eu quelque peine à rassembler leurs souvenirs.

La première hypothèse sera retenue par l'instruction comme la plus vraisemblable. Cependant, on n'accusera jamais M. Tangorre d'avoir fait un faux témoignage – il aurait fallu le poursuivre. Simplement, on laissera entendre qu'il est normal qu'un père soit prêt à tout, même à se parjurer, pour sauver son fils... Et les autres témoins seront oubliés.

Il reste le carnet. Cet agenda est le dernier obstacle sur le chemin de l'accusation. Il a été retrouvé au domicile lyonnais de Luc Tangorre. Florence Gralet, la fiancée, et une camarade, Khadoudja Mokhran, l'avaient découvert le soir même de l'arrestation de Luc Tangorre. Jean-Paul Joachy s'était souvenu de l'agenda qu'il avait offert à son ami à sa sortie de prison pour qu'il note ses rendez-vous et les divers événements de sa vie. Les gendarmes consultent le carnet : à la date du 23 mai figurent, écrites de la main de Luc Tangorre – ce que personne ne contestera –, deux annotations, l'une en haut de page : « Lundi en famille. Visite de Marseille » et, en bas : « Soirée chez papa et maman ». Luc a expliqué au juge qu'il mettait chaque semaine son agenda à jour et que, le 31 mai seulement, il avait ajouté ces inscriptions.

Le juge va faire appel à des graphologues pour essayer de découvrir si ces annotations sont beaucoup plus récentes que ne le déclare l'inculpé. Elles auraient pû être ajoutées dans la journée du 24 octobre pour conforter l'alibi de Tangorre. Il ne reste plus qu'à attendre les résultats d'expertises dont on sait très bien, dans les prétoires d'assises, qu'elles ne sont pas suffisamment fiables pour apporter une preuve scientifique. C'est pourtant sur ces expertises que le juge se fondera, sans autre preuve, pour écarter la crédibilité des inscriptions portées dans l'agenda.

13

On se souvient que, le 24 octobre, au moment où le suspect est appréhendé à Lyon, son père reçoit à Marseille la visite des gendarmes. Invité à se rendre à la caserne pour y faire une déposition, il y va avec la 4 L verte que Luc a préféré ne pas conserver à Lyon. L'audition terminée, les gendarmes marseillais passent la voiture au crible. Avec un aspirateur, ils recueillent plusieurs échantillons de poussière, mais ces prélèvements ne permettent pas d'apporter la preuve de la présence, à un moment quelconque, des deux Américaines dans le véhicule. Celui-ci, placé immédiatement sous scellés, est conduit par les gendarmes jusqu'à Nîmes où les enquêteurs le laissent en stationnement dans la cour de la caserne.

Dès l'arrestation de Tangorre, le juge d'instruction a requis le médecin légiste de Nîmes, le Dr Benaoun, pour qu'il prélève sur Jessica et Marilyn des cheveux et des poils pubiens afin de pouvoir les comparer, le cas échéant.

La fouille de la voiture à Marseille s'étant révélée négative, les enquêteurs ne peuvent procéder à aucune comparaison. Le juge, estimant que cette fouille a été opérée trop succinctement, ordonne alors une nouvelle fouille plus approfondie du véhicule.

Le Pr Doutremepuich, de la faculté de Bordeaux, reçoit différentes missions d'expertises, et notamment l'examen des vêtements saisis chez l'inculpé et la recherche de taches suspectes : sang, sperme et lipides. Le Centre d'application et de recherches en microscopie électronique, plus connu sous ses initiales C.A.R.M.E., est chargé de rechercher et de mettre en évidence toute correspondance qui pourrait exister entre les échantillons de comparaison des cheveux qui lui seront soumis. Reste à trouver des cheveux dans la voiture.

Les experts viennent à Nîmes et, sous la direction des gendarmes, fouillent une nouvelle fois la 4 L verte. Luc Tangorre et son défenseur, Me Vidal-Naquet, assistent à la perquisition. La première n'a pas dû être faite avec beaucoup d'attention car on retrouve d'abord sous le siège un flacon de vernis à ongles, puis des poils et des cheveux un peu partout sur la banquette arrière et sur le tapis au fond du coffre, cinq sacs en plastique portant la marque Cigale, un crayon dans le vide-poche. On prélève de l'huile sur la banquette arrière côté coffre ainsi que sur le tapis du sol, on découpe même un morceau de skaï du siège du passager qui présente une trace suspecte. Ces prélèvements sont placés sous scellés ; les cheveux et les poils sont confiés pour partie au Pr Doutremepuich et pour l'autre à M. Loïc Le Réhaut, président-directeur général du C.A.R.M.E.

Le professeur devra donner un avis motivé sur les cinq prélèvements effectués le soir même des faits par les gynécologues de Nîmes. Il recherchera ensuite et analysera toute trace suspecte sur les vêtements de Luc Tangorre. Un mois plus tard, l'expert confirme, pour ce qui concerne les frottis effectués sur les victimes, ce que l'on sait déjà : ces frottis ne sont pas utilisables. Ils ont été fixés à l'aide d'un mélange égal d'éther et d'alcool, puis colorés selon la méthode de Harris Shorr, ce qui rend le groupage de sperme impossible.

L'analyse faite ensuite selon la méthode de Jeffrey interdit également l'identification du code génétique de l'agresseur et toute comparaison avec celui de l'inculpé. Le Pr Doutremepuich, chargé de préciser la durée de vie des spermatozoïdes, la situe dans une fourchette allant pour le minimum de seize à vingt-quatre heures et, pour le maximum, de quarante-huit heures à quatre jours. Enfin, pour les lipides, il confirme qu'il s'agit de corps gras d'origine minérale, comme de l'huile de moteur, et non d'huile végétale comme celle que l'on consomme pour la cuisine, mais il n'a pas effectué de comparaison entre l'huile analysée et celle que contenaient les bidons de la voiture – on ne le lui a pas demandé.

Il ne s'agit pas ici de parler de résultats concrets, absolus, mais simplement de « degré de confiance ». Une prudence de langage rendue nécessaire par une longue suite d'erreurs. Le 11 février 1989, le juge Lernould, notifiant à l'inculpé le rapport de l'expert du C.A.R.M.E., pense néanmoins faire marquer un point important à l'accusation en lisant les conclusions de l'expertise : « Sur l'ensemble des cheveux et poils prélevés sur la 4 L, le cheveu scellé 68/1 est attribué à Jessica avec un degré de confiance de quatre-vingt-deux pour cent, et celui scellé 70/3, également à Jessica, avec un degré de confiance de soixante-quatorze pour cent. »

Sur le moment, frappé par les pourcentages annoncés qui semblent l'accabler, Luc Tangorre bondit :

– Vous n'avez rien trouvé de mieux que de mettre ces cheveux dans ma voiture ?

En vérité, ces analyses n'ont pas une grande signification scientifique ; elles serviront pourtant à laisser imaginer que l'analyste attribue ces cheveux à l'une des victimes alors qu'il dit tout simplement, et sans le prouver formellement, que sur cent personnes accusées par l'examen comparatif des cheveux, dix-huit seraient innocentes pour le premier scellé, vingt-six pour le second.

D'autre part, si le juge d'instruction croit à l'intérêt de ces analyses, pourquoi, ainsi que le demandent les défenseurs de Tangorre, s'est-il refusé à faire procéder à des comparaisons de cheveux appartenant à des jeunes femmes blondes dont l'inculpé a donné les noms ? Il aurait pu ainsi vérifier si la comparaison des cheveux de ces jeunes femmes atteignait un degré de confiance supérieur à ceux de Jessica. Tout cela se termine sur un fiasco. Ces analyses ne seront pas évoquées au procès. Le C.A.R.M.E. aura disparu entre-temps et personne ne viendra les défendre devant la cour.

Le rapport restera dans le dossier sans commentaires ! Les magistrats et les jurés auront tout loisir de prendre connaissance de ce document qui laisse entendre que Jessica a pu se trouver dans la 4 L verte de Tangorre, même s'il n'en apporte pas la preuve.

Coupable aux yeux des enquêteurs, Tangorre l'est nécessairement pour ses codétenus de la prison de Nîmes. Pour eux, Tangorre est un « pointeur », c'est-à-dire un violeur. C'est la catégorie la plus honnie, la plus méprisée de la population carcérale. Luc Tangorre en avait déjà fait l'expérience au cours de son emprisonnement dans la première affaire, sans rencontrer toutefois une attitude aussi agressive à son égard. Tout se sait, en prison. Les détenus n'ignorent donc pas que la culpabilité de Tangorre ne fait aucun doute dans l'esprit des enquêteurs et du magistrat instructeur. Il est condamné d'avance et, avec la récidive, il n'est pas près de sortir, pensent-ils. S'il avait été un de ces « braqueurs » qui tiennent le haut du pavé dans cette microsociété qu'est le milieu carcéral, on l'aurait probablement plaint et sûrement aidé. Mais pointeur !... Tout ce qui lui arrive, il l'a mérité au centuple ! Les matons ne sont pas loin de partager cet avis. Ils ne sont pas contre ces relations entre détenus tenant compte d'une hiérarchie qui, comme toutes les hiérarchies, garantit l'ordre et la discipline.

Tangorre vivra les premières semaines de son incarcération ignoré de ses compagnons de détention, mais un regard, un mot suffisent pour comprendre toute la tension accumulée contre lui. Deux frères, deux braqueurs qui souvent s'étaient contentés de proférer des injures à son passage, se jettent soudain sur lui et, l'acculant contre un mur, commencent à le frapper. Tangorre, en bonne forme physique, rend coup pour coup. L'un des agresseurs sort alors un objet de sa poche – un couteau, dira Tangorre – et le frappe violemment à la poitrine.

– J'ai été sauvé par mon portefeuille, sinon il m'aurait tué. Il me visait au cœur.

Les gardiens, qui jusque-là n'ont ostensiblement rien vu, interviennent, mais les deux frères ont eu le temps de s'éclipser avant leur arrivée, protégés par le mur qu'ont formé aussitôt leurs complices.

Interrogé, Tangorre respectera la règle du silence. Il a eu un accident, un point c'est tout ! Aurait-il pu avoir une attitude différente ? S'il avait dénoncé ses agresseurs, d'autres auraient été désignés et, à leur tour, s'en seraient pris à lui. Sa « bonne conduite » lui vaut au moins d'avoir la paix. Pour tous, il sera désormais un être à part, un solitaire avec lequel on ne communique que pour l'essentiel.

De leur côté, les parents vivent des heures difficiles. Depuis l'arrestation de leur fils, il ne se passe pas de jour sans qu'ils soient l'objet de menaces ou d'insultes, par lettres ou par téléphone. Joseph et Marie Tangorre redoutent maintenant de décrocher chaque fois que la sonnerie retentit. Ils en arrivent même à craindre pour leur vie en se rappelant l'étrange agression dont a été victime Joseph Tangorre après la première affaire.

C'était dans la soirée du lundi de Pâques 1984, un an environ après le procès d'Aix-en-Provence. M. Tangorre s'apprêtait à fermer l'épicerie-rôtisserie dont son fils Thomas s'était occupé auparavant. Il avait demandé à son employé de commencer la fermeture lorsqu'un client était entré. Prenant dans les rayons un litre de lait et des yaourts, il s'était approché de la caisse où se tenait M. Tangorre.

– En un éclair, l'homme est passé derrière moi et a tenté de m'étrangler, raconte celui-ci.

Par chance, la corde ou, plus vraisemblablement, la lanière dont se servait l'agresseur s'était accrochée au menton de la victime qui, dans un sursaut, était parvenue à se dégager et à sortir pour appeler au secours. L'agresseur s'était alors enfui, oubliant dans sa précipitation des gants, une cagoule et deux paires de menottes.

M. Tangorre avait porté plainte et reconnu sur des photos l'homme qui l'avait agressé : l'oncle de son employé, un trafiquant de drogue. Interrogé, l'employé avait juré que l'agresseur qu'il avait vu lui aussi n'était pas son oncle. Une dizaine de jours plus tard, l'homme, se sachant recherché, s'était rendu à la police. Mis en sa présence, M. Tangorre ne l'avait pas reconnu. Les policiers en étaient étonnés. C'était pourtant l'homme de la photo.

– C'est une affaire très curieuse et que je n'ai jamais

pu expliquer. Comment se fait-il que je ne reconnaisse pas cet individu lorsqu'on me le présente ? J'avais l'impression que ce n'était pas le même que le portrait de la photo. Alors, qui avait voulu me tuer, et pourquoi ?

Quatre ans plus tard, cette agression n'ayant jamais été élucidée, Joseph et Marie Tangorre se demandent si, parmi tous les voyous, tous les escrocs qui essaient d'entrer en contact avec eux, ne se dissimule pas l'agresseur du lundi de Pâques, l'homme que Joseph Tangorre accuse d'avoir voulu le tuer. Une lettre postée à Bruxelles le 2 novembre leur réclame cinquante mille francs, faute de quoi... Un autre individu leur propose même de tuer le juge Lernould moyennant cent mille francs, moitié à la commande, le solde après l'exécution. Affolés, les Tangorre alertent le magistrat instructeur qui transmet leurs informations au parquet de Lyon, compétent.

Les malheureux vivent dans une angoisse continuelle.

– Nous n'arrivons pas à nous consoler, confient-ils à leurs autres enfants, mais aussi aux membres du comité de soutien qui habitent la région.

Le drame qu'ils vivent leur paraît d'une telle injustice...

Après l'agression des deux frères, Luc Tangorre connaît une période dépressive. Le 17 novembre, chez le juge qui l'a convoqué pour un nouvel interrogatoire, il craque. Quand le magistrat lui demande pourquoi il a tout d'abord refusé les prélèvements nécessaires aux tests de comparaison génétique qu'il a pourtant demandés, il reste un long moment silencieux, le regard fixe, puis brusquement, sans répondre à la question, il se libère :

– Je suis en danger, je demande assistance, voilà...

Je ne dors plus, j'ai besoin de repos, il faut que je dorme.

Le juge lui conseille de prendre des médicaments.

– Je m'y refuse... réplique-t-il d'une voix que la nervosité fait trembler. Pourquoi ne me tuez-vous pas ? Pourquoi ? Laissez-moi retourner dans ma cellule !...

Me Vidal-Naquet intervient. Il pense que son client n'est pas en état de supporter un interrogatoire, mais Tangorre, qui s'est un peu repris, poursuit :

– Je n'ai pas refusé de donner mon sang, mais je ne voulais pas que se reproduise ce qui s'est passé dans la première affaire pour les analyses de terre.

Afin de laisser à l'inculpé le temps de récupérer, le juge lui présente les scellés des prélèvements de poussière faits dans la voiture à Marseille, ainsi que des poils pubiens et des cheveux prélevés sur les deux plaignantes. Ces scellés vont être communiqués aux experts choisis par le juge. Tangorre essaie de comprendre pourquoi on n'a pas encore déterminé le code génétique à partir des prélèvements opérés sur les victimes. Le greffier note « victime ». Est-ce bien le mot utilisé par Tangorre car, on va s'en apercevoir tout au long de cet interrogatoire, il refuse obstinément de reconnaître que les deux Américaines ont été réellement violées ?

– Ces expertises auraient pu être faites en trois jours, cela aurait garanti l'impartialité dans un sens comme dans l'autre.

– En redoutez-vous les résultats ?

– Au contraire, je les attends avec impatience.

On revient sur les alibis, les horaires, les coups de téléphone. Le juge repose les questions déjà posées, Tangorre fait les mêmes réponses. Les décalages, les confusions, les omissions même peuvent s'expliquer de deux manières. Celle du juge, qui estime que l'entourage de Tangorre a peu à peu construit un alibi à l'inculpé... Celle de l'inculpé, qui explique ses absences de mémoire par l'éloignement dans le temps. Comment se souvenir à la minute près d'un coup de téléphone donné cinq mois auparavant ?

– Ça n'est qu'à la réflexion, après un effort de mémoire, que vous parvenez à rassembler vos souvenirs. Alors, les choses vous reviennent.

Le juge l'invite à parler de sa vie sexuelle depuis sa sortie de prison.

– Comment la définissez-vous ?

– Humaine ! Il faudrait interroger les filles qui ont eu des rapports avec moi.

– L'importance du sexe...

– Normale, parfois mon désir est plus fort que celui de ma partenaire, parfois moins.

Le juge montre l'agenda à l'inculpé.

– Cet agenda est un carnet intime, vous mentionnez en particulier certaines de vos relations sexuelles.

– Pourquoi leur accordez-vous un tel intérêt, alors qu'elles font partie d'un tout ?

– Pensez-vous que ces pages reflètent l'importance que vous donnez à votre vie sexuelle ?

– Pas plus que vous. Ça ne vous arrive jamais de faire l'amour ? Qu'est-ce qu'il y a d'anormal dans ces annotations ? Est-ce un crime de noter tout ce qu'on fait pour être en mesure de justifier son emploi du temps ?

Luc Tangorre reconnaît que, depuis sa sortie de prison jusqu'au 27 juin, date à laquelle il a rencontré sa fiancée, « il a mené une vie libertine ». Il demande qu'on interroge ses partenaires pour qu'elles disent quel a été son comportement avec elles, prévenant ou pervers...

L'interrogatoire s'achève. Luc Tangorre le relit trop

lentement au goût du juge qui s'impatiente et lui fait une remarque. Tangorre, qui après l'incident du début était resté plus tendu, plus angoissé qu'au cours des précédentes auditions, explose de nouveau. Il crie :

– Je ne signerai pas !

Et sur la partie du procès-verbal où il aurait dû apposer sa signature, il trace d'une écriture déformée par l'émotion et la colère : « Refuse de signer parce que le juge m'intime l'ordre de lire beaucoup plus vite, au bout de dix minutes j'en étais à la septième page. »

La huitième et dernière page comportait treize lignes.

Le juge ajoute une neuvième page pour préciser, en deux lignes, que l'inculpé refuse de signer le procès-verbal après en avoir pris connaissance pendant quinze minutes !

Le 22 décembre, nouvelle comparution de Luc Tangorre devant le juge Lernould qui lui notifie les conclusions du Pr Doutremepuich. De tout ce qu'avait demandé l'accusé, rien n'est possible : ni le groupage de comparaison, ni l'étude comparative de l'A.D.N. On ne pourra donc pas savoir si les spermatozoïdes prélevés sur les victimes ont été émis par Luc Tangorre.

Si celui-ci est coupable, il doit être soulagé, mais s'il est innocent il a dû connaître ce matin-là une amère déception. Pour lui, l'identification génétique était le moyen le plus sûr de prouver son innocence, bien au-delà des mots qui prêtent toujours à interprétation. Ce test, il le demande depuis son arrestation, on le lui accorde, pour finalement découvrir que les manipulations de laboratoire ont rendu toute recherche impossible.

Tangorre ne peut que protester « très, très, très, très »

énergiquement. Il dicte quatre fois l'adverbe au greffier, puis on passe à autre chose...

... Au témoignage d'un ami de l'inculpé, Gilles Fraudet, et de sa femme Nadine. Gilles exploite, sur la plage du Prado, à Marseille, un bar à cocktails, le *Waïkiki*. Tangorre a parlé du couple à Claire-Lise Foiret pour lui dire que, dans un premier temps, ils devaient tous les deux monter avec lui à Lyon mais que le voyage était remis. Gilles Fraudet, ami d'enfance de Luc Tangorre, est entendu par les gendarmes, ainsi que son épouse. Il raconte ses relations avec lui :

– Il passait au bar, il a pris quelques repas chez moi. (Cependant Gilles Fraudet précise :) Je n'avais pas envisagé de me rendre à Lyon le lundi 23 mai. Ce jour-là, je travaillais.

Un coup de téléphone à son frère Thierry fait basculer son témoignage. Les gérants n'ont observé les horaires d'été qu'à partir du mois de juin. Gilles, pendant les horaires d'hiver, se reposait le lundi. Il était donc libre le 23 mai.

– Aviez-vous envisagé de vous rendre à Lyon ce jour-là ?

– Peut-être. Je ne sais plus... Mais pour en revenir à ce voyage, il ne me semble pas que je devais monter avec lui au mois de mai. C'était plutôt prévu pour novembre.

Nadine, l'épouse de Gilles, se souvient elle aussi d'un projet de voyage à Lyon qui a été remis à plusieurs reprises. La date du 23 mai ne lui dit rien. A la fin de son audition, elle fait une réflexion que les gendarmes notent sur le même procès-verbal. Elle a été surprise que l'auteur du viol ait donné un billet de cent francs aux victimes, après les faits.

– Tangorre n'avait pas d'argent, il nous a même dit qu'il ne prenait pas l'autoroute, qui coûtait trop cher.

Cette remarque a attiré l'attention du juge Lernould. L'agresseur des deux Américaines, lui non plus, n'empruntait pas l'autoroute, avaient déclaré les victimes dès leur première audition. Le magistrat revient également sur un autre point délicat pour la défense de Tangorre. L'une des jeunes filles, Jessica, a remarqué que l'agresseur semblait bien connaître les lieux car « il y était venu directement, sans hésiter. Il avait même avoué qu'il aimait bien cet endroit ».

Or, Luc Tangorre a habité pendant plusieurs années un immeuble, Les Jonquilles, qui se trouve à deux kilomètres cinq cents du lieu du viol. Tangorre ne se souvient pas d'être venu à cet endroit lorsqu'il habitait Nîmes. Le mas de Boulbon ne lui dit rien, pas plus que l'hippodrome (que les victimes ont appelé « manège à chevaux » dans leur première déclaration).

– C'était il y a vingt ans, précise l'inculpé, j'étais encore un enfant.

Une cabine téléphonique se trouve près des Jonquilles. Luc Tangorre aurait-il pu appeler Claire-Lise Foiret de cette cabine ? Le juge ne le dit pas, mais le fait qu'il signale sa présence le donne à penser. Tangorre connaissait-il l'existence de cette cabine ? Les gendarmes ont fait une enquête auprès des Télécommunications. Ce poste téléphonique a été installé en 1978. Les Tangorre avaient quitté Nîmes depuis cinq ans.

Le juge Lernould demande aux gendarmes d'enquêter autour des Jonquilles, dans la banlieue de Nîmes, où la famille Tangorre a vécu pendant deux ans, de 1971 à 1973.

Ils retrouvent bientôt toute une petite bande, une dizaine de garçons et de filles qui ont partagé les jeux de Luc qui avait onze ans à l'époque : Jean, Frédéric, Jean-Luc, Régis, Antoine, Chantal, Pauline, Marie-Ange, Marie. Ils ont été copains. Ils jouaient ensemble au foot, sur le stade de l'Assomption, ils allaient faire des virées à mobylette vers Rodilhan, le petit bois derrière le bâtiment du bas Rhône, ils pêchaient dans le Vistel. Luc ? Il était comme tous les garçons, il recherchait la compagnie des filles mais il ne les embêtait pas plus que les autres. Il faut dire que les filles ne sortaient pas beaucoup, les parents, pour la plupart d'origine espagnole, étaient très stricts là-dessus. Dès la sortie de l'école, elles rentraient à la maison. Pas question d'aller courir la campagne avec les garçons qu'elles ne rencontraient que dans l'établissement scolaire qu'ils fréquentaient, un collège mixte, le C.E.S. Bigot.

L'une des filles, Chantal, a connu Luc un peu mieux que les autres.

– Il a été mon premier flirt. J'ai gardé de lui le souvenir d'un garçon gentil, attentif. Je n'ai jamais rien remarqué d'anormal dans sa façon de se conduire.

Elle se souvient qu'en 1981 Luc lui a rendu visite à plusieurs reprises.

– C'était pendant le week-end, j'attendais mon premier enfant. Il n'avait pas de voiture, il accompagnait son frère qui avait besoin de venir à Nîmes. Il passait en coup de vent.

Les gendarmes demandent à plusieurs des anciens camarades de Luc Tangorre s'ils peuvent les conduire sur le terrain de jeux où ils se retrouvaient. Les lieux ont bien changé. L'autoroute A9 a bouleversé le paysage mais, dans l'ensemble, les petits chemins de campagne sont restés les mêmes. Ils accompagnent les gendarmes par des routes dont l'une longe la pommeraie où les Américaines ont été agressées. Les enquêteurs ont photographié Les Jonquilles et la cabine téléphonique.

L'enquête démontre que Luc Tangorre connaissait

cet endroit, qu'il y passait régulièrement avec sa petite bande de copains. Pourquoi l'a-t-il nié ?

– Parce que, depuis le début de l'enquête, chaque fois que les gendarmes parlaient de la pommeraie, ils la situaient au lieu-dit mas de Boulbon. Je ne la connaissais pas sous ce nom. La plupart de mes copains non plus, d'ailleurs. Pour nous, c'était « le petit bois ». Lorsqu'on m'a parlé du petit bois, j'ai dit oui, je connais ! Quant à penser que, les viols accomplis, j'aie pu me rendre jusqu'à cette cabine téléphonique pour appeler Claire-Lise Foiret afin qu'elle croie que je l'appelais de Marseille et me donne ainsi de bonne foi un précieux alibi, c'est impossible !

Effectivement, ce sont les victimes elles-mêmes qui fixent l'heure de leur agression :

– Il nous a alors emmenées dans une pommeraie, dit Jessica dans sa première déclaration. Il était entre 20 h 30 et 21 heures.

Exactement l'heure où Claire-Lise, sa mère et sa fille affirment avoir reçu l'appel téléphonique de Luc Tangorre. Alors, que conclure de cette enquête qui s'est déroulée sur une période de deux mois ? L'agresseur des jeunes filles connaissait bien le lieu des viols, Luc Tangorre aussi, un point important pour l'accusation, mais que contredisent les témoignages de Claire-Lise Foiret et de sa famille, difficilement contestables.

Les différentes auditions de Gabrielle Cesaroni, une amie d'enfance de Luc Tangorre, éclairent de manière significative le climat dans lequel se déroule cette affaire.

Gabrielle a vingt-sept ans. Elle est standardiste dans une grande clinique marseillaise. Elle partage avec sa mère un appartement dans le parc Sévigné. Elle est depuis toujours l'amie de Luc Tangorre.

– Rien qu'une amie, précise-t-elle.

Le 6 décembre, les gendarmes de Nîmes sont venus spécialement à Marseille pour l'entendre, à sa demande. Elle rappelle d'abord les liens qui l'unissent à Luc. Pendant la première incarcération du jeune homme, ils ont échangé de nombreuses lettres puis, lorsqu'il est sorti de prison en février 1988, ils se sont régulièrement téléphoné. Parfois, ils allaient prendre un verre et bavarder au *Waïkiki*, chez Gilles. Elle était invitée au baptême d'Elodie, la nièce de Luc ; fatiguée – elle sortait d'une dépression nerveuse –, elle redoutait de se trouver plongée au milieu d'une ambiance de fête. Elle s'est donc excusée, mais a téléphoné à Luc pour savoir comment ça s'était passé. Elle ne se souvient plus si elle a appelé le dimanche ou le lundi de Pentecôte, en revanche elle peut très bien dire l'heure qu'il était. Les coups de téléphone aux amis, c'est toujours entre 20 h 30 et 20 h 45, après la vaisselle qui suit immédiatement le repas que sa mère tient à prendre à heure régulière, autour de 20 heures.

Elle a donc téléphoné à Luc pour lui proposer d'aller prendre un verre au *Waïkiki*, mais elle a pensé qu'il devait être fatigué par la fête. Elle lui a d'abord demandé de ses nouvelles et comme il lui a répondu « qu'il était crevé », elle n'a pas insisté.

Face aux enquêteurs, la jeune femme fait état d'un scrupule : malgré tous ses efforts pour rassembler ses souvenirs, elle ne parvient pas à se rappeler le jour de son appel.

Après l'arrestation de Luc Tangorre, Gabrielle, réfléchissant à cette conversation téléphonique, a pensé qu'elle pourrait intéresser les enquêteurs. Elle en parle autour d'elle et on lui conseille de rencontrer le défenseur de Luc, Me Vidal-Naquet. Celui-ci la reçoit, mais pour l'informer qu'il n'a pas le droit d'avoir des contacts avec les témoins et qu'il informera le juge de sa visite.

Gabrielle achève sa déposition en répondant à une question des enquêteurs : Oui, elle a téléphoné à la famille de Luc. Elle a parlé à son père, à sa mère, à sa sœur. Ils sont persuadés de son innocence. Florence, la fiancée, ne comprend pas ce qui lui arrive.

Dépressive, hésitante, ne parvenant pas à fixer avec précision la date de la conversation téléphonique qu'elle a eue avec Luc, Gabrielle Cesaroni est un témoin fragile, qu'on peut facilement influencer, manipuler même, pensent les enquêteurs. Le maillon faible de la chaîne des témoins favorables à l'inculpé. On va la reconvoquer, la mettre sous pression, gentiment. On sent bien, rien qu'à la voir, qu'il suffira d'agiter le spectre du faux témoignage pour qu'elle craque. La méthode est classique. C'est le témoin qui ne l'est pas.

Les gendarmes la reconvoquent le 16 décembre, dix jours après la première audition. Gabrielle arrive à la caserne en proie à une profonde angoisse. Elle culpabilise parce qu'elle ne parvient toujours pas à préciser le jour de sa conversation avec Luc. Etait-ce le dimanche ou bien le lundi ? Cent fois elle s'est posé la question sans trouver la réponse. D'entrée, les gendarmes attaquent. Ils ne l'accusent pas d'avoir fait une fausse déposition, mais ils lui expliquent que cette affaire est grave, ils lui lisent le récit des viols, l'avertissent des risques qu'elle court en « ne sachant pas où elle met les pieds ». Gabrielle est bouleversée. Se sentant traquée, ne retrouvant plus ses repères, elle fond en larmes. Les gendarmes avaient raison, elle reconnaît ne pas leur avoir dit toute la vérité. Elle a inventé le coup de téléphone, une idée comme ça, en parlant avec Joseph Tangorre qui lui disait justement que Luc avait reçu dans la soirée du 23 mai des coups de fil et qu'il cherchait à en identifier les auteurs... Le gendarme Crucciani a procédé aux deux interrogatoires. Il affirme avoir toujours interrogé les témoins « dans le sens de la charge et de la décharge ». Devant la cour d'assises, lorsqu'on lui demandera si Gabrielle Cesaroni a spontanément reconnu qu'elle avait inventé le coup de téléphone, il répondra sans hésiter :

– Affirmatif. Elle a dit qu'elle avait menti pour venir en aide à Luc Tangorre.

Mais l'affaire n'en reste pas là. Ces témoignages contradictoires suscitent chez la jeune femme dépressive une véritable crise de conscience. Rencontrant Gisèle Tichané dans la rue, elle lui dit qu'elle « s'est fait avoir », qu'on a exercé des pressions sur elle. Il faut qu'elle « trouve la vérité », dit-elle. Elle se sent maintenant doublement coupable, vis-à-vis d'elle-même, mais aussi de son ami Luc.

Interrogeant ce dernier, le juge évoque les témoignages de Gabrielle. Le premier, où elle affirme qu'elle lui a téléphoné le lundi 23 mai à 20 h 30, le second, dans lequel elle avoue avoir totalement imaginé cet appel pour lui venir en aide. Il demande à l'inculpé ce qu'il en pense.

– Ça, c'est son problème, répond Tangorre. Ça m'étonnerait... Ce n'est pas possible. Si tel était le cas, elle aurait fait la plus grande connerie de sa vie...

L'a-t-elle faite ? Très vite, Gabrielle se ressaisira, demandera à être entendue de nouveau. En vain. Elle expliquera au procès que tout s'est embrouillé dans sa tête, mais qu'elle n'est pas revenue sur sa déclaration. A force d'y réfléchir, elle a retrouvé la mémoire : c'est bien le lundi 23 mai qu'elle a téléphoné à Luc parce qu'il est impossible que ce soit à un autre moment. Elle aurait pu l'appeler le dimanche 22, mais Luc n'était pas chez lui. A 20 h 30, il se trouvait encore à Vinon avec les invités du baptême. Elle n'a pas pu, non plus, l'appeler le mardi 24, car il n'était plus à Marseille. Or, c'est bien à Luc qu'elle a parlé et c'est chez ses parents, rue Sainte-Cécile, qu'elle a téléphoné. Il faut donc que ce soit le lundi 23. Elle ajoutera devant les jurés quelques mots à son témoignage pour dire son inquiétude devant la manière dont la justice est rendue en France. Puis, s'adressant plus particulièrement aux victimes, elle déclarera qu'elle tient pour acquis qu'elles ont été violées, mais que ce n'est pas Luc le coupable. Qu'elle se sent très proche de Luc, mais aussi près d'elles, dans la douleur et l'épreuve que constitue toute cette affaire.

Luc, depuis longtemps, lui a pardonné ce « faux pas ». Il lui a écrit une lettre pleine de tendresse qui commence par : « Ma petite puce adorée, je sais que tu regrettes de m'avoir fait du tort... mais je sais qu'on t'a manipulée. » En haut de la feuille, sous la date du 21 avril 1989, il a dessiné un paysage : la mer au soleil couchant, avec, au premier plan, sortant de l'eau, la main de quelqu'un qui se noie. Sur le côté, une légende : « A part ça... ça va ! »

14

Au tour de Gisèle Tichané, à présent ! Le juge la convoque le 30 janvier à 14 h 45, à Nîmes. Pour le magistrat et pour les enquêteurs, cette femme blonde pleine de charme est au cœur de l'affaire. Elle connaît Joseph et Marie Tangorre. Marie, à plusieurs reprises, a gardé Cécile et Lisa, ses deux filles. Luc s'amusait avec elles. C'était un garçon gentil, toujours de bonne humeur, chaleureux et serviable.

Quand la première affaire a éclaté, elle s'est portée au secours des parents désorientés, perdus face à l'appareil judiciaire. Elle a aussi été amenée à découvrir que l'enquête se déroulait dans des conditions suspectes et que les droits de la défense n'étaient pas toujours respectés. Elle a vu Luc Tangorre en prison. Il l'a convaincue de son innocence. Elle n'a eu de cesse, dès lors, de tout mettre en œuvre pour que soit évitée l'erreur judiciaire qui se dessinait.

D'abord, que Luc sorte de prison ! Elle a participé à la création du comité de soutien. Puis, elle a entrepris d'écrire cette histoire qu'elle a vécue, au jour le jour, pendant des mois. Elle espérait que ce serait une arme efficace pour faire reconnaître l'innocence de Luc Tangorre. Ce livre, *Coupable à tout prix*, reprenait une à une les pièces du dossier, confrontait les témoignages, détaillait l'attitude répressive du juge d'instruction, les manèges de la police, tout cela débouchant sur l'erreur judiciaire.

Lorsque Pierre Vidal-Naquet, lui aussi touché par le cas de ce jeune homme, entreprend d'obtenir la révision du procès, elle lui apportera une aide efficace et courageuse. Mais elle est déjà malade, atteinte d'une arythmie cardiaque qui ralentit son activité. Elle fera dix séjours à l'hôpital au cours de l'année 1988, avant de recevoir, au mois de septembre, un stimulateur cardiaque.

En ce début d'année, elle est loin d'avoir retrouvé toute son énergie. Derrière son masque souriant, on devine sa fragilité et son angoisse.

L'agenda de Luc Tangorre fait état d'un rendez-vous avec Gisèle Tichané le samedi 21 mai, la veille de la Pentecôte, aux environs de 16 heures.

Luc Tangorre, très reconnaissant à Gisèle d'avoir écrit ce livre sur son histoire et la sachant malade et désemparée, lui consacre régulièrement quelques heures pour bavarder avec elle et la distraire. Il fait beau, ce jour-là, et il lui propose d'aller prendre une glace sur la plage du Prado. Elle ne se souvient plus si c'était au *Waïkiki* où elle sait qu'il allait assez souvent.

Luc, au préalable, vient chez elle, allée Albenitz, pour déposer une centaine de livres qu'il rapporte de Paris. Le mari de Gisèle les entrepose à la cave. Luc a fait le voyage dans la 4 L verte qu'elle a vendue à son père. Pied au plancher, la voiture ne dépasse pas les cent kilomètres à l'heure. La jauge à essence, par contre, fonctionne bien. Luc dit aussi qu'il a dû changer la banquette arrière, en très mauvais état.

Le juge lit au témoin la description de la voiture que Jessica a faite aux gendarmes et lui demande si elle pense que ça peut être son ancien véhicule. Gisèle lui fait alors remarquer que cette personne a fait preuve d'un grand sang-froid et d'un sens de l'observation étonnant alors qu'elle vient de subir un viol. A sa place, elle aurait été désorientée, observe-t-elle.

– En tout cas cette description ne me suffit pas pour dire que c'est ma voiture. C'est une voiture comme la mienne.

Le ton dès lors se durcit entre les deux interlocuteurs. Le juge montre à Gisèle le portrait-robot de l'agresseur dressé sur les indications des plaignantes.

– C'est un portrait trop banal pour que je puisse dire qu'il ressemble à Luc, répond-elle.

Une dernière question sur la réalité des viols : le juge veut savoir si elle y croit. Elle répond :

– Je n'ai pas de raison de ne pas y croire.

L'audition est terminée. Gisèle Tichané, le juge Lernould et Mme Lemarchand, la greffière, signent le procès-verbal. Que se passe-t-il alors ? Il est vraisemblable que la conversation continue. Selon Gisèle Tichané, qui le racontera par la suite à son mari et à des amis, le juge lui aurait reproché d'avoir, en aidant à la libération de Luc, pris une part de responsabilité dans ce qui était arrivé aux deux victimes.

Choquée, et sentant venir un malaise, la jeune femme demande un verre d'eau. Au moment où la greffière le lui apporte, elle s'évanouit. On appelle le S.A.M.U. Reprenant conscience un instant, elle indique qu'elle porte un stimulateur cardiaque, puis elle sombre de nouveau.

L'antenne du S.A.M.U. arrivée entre-temps, le Dr Assaf (celui qui, dans la nuit du 23 mai, a examiné les Américaines), constatant que l'état d'inconscience se prolonge, fait transporter Mme Tichané au service des urgences de l'hôpital. Les médecins diagnostiquent des troubles de conscience d'origine probablement psychologiques.

Au bout de vingt-quatre heures d'observation, Gisèle Tichané peut sortir et regagner Marseille.

Elle ne reviendra jamais à Nîmes. Son cœur l'aura lâchée bien avant le procès de Luc Tangorre.

15

L'arrestation de Luc Tangorre a balayé le comité de soutien. Déçus ou démobilisés, les membres s'en sont éparpillés, perdus. Il n'y a plus eu de réunion. Nombreux sont ceux qui, assommés par ce rebondissement inattendu, se tiennent discrètement à l'écart en attendant d'être mieux informés. D'autres, qui se sont plus généreusement engagés, essaient de comprendre. D'autres encore, bien que troublés, veulent croire que cette deuxième affaire est liée à la première par un mystérieux secret.

Ce garçon accusé deux fois ne peut être que deux fois innocent. Et puis, il y a Tangorre qui, pendant les premières semaines, paraît accablé par ce nouveau coup du sort. Il se défend mais, dans le même temps, il manifeste une sorte de lassitude, d'angoisse qui alarment ses proches. Les lettres qu'il écrit à ses parents sont inquiétantes. Les malheureux craignent qu'il ne se suicide.

Cette situation va regrouper ceux qui, au cours des années passées, se sont plus sentimentalement liés à Tangorre et aux siens. Ils vont reformer un noyau d'affection autour de lui, conscients de ne pas pouvoir l'abandonner après l'avoir si pleinement soutenu. Cependant, les données ne sont plus tout à fait les mêmes. Les victimes ont des arguments : la voiture, le lieu des viols semblent accuser Tangorre. Celui-ci, en retour, dénonce une machination. De plus, il doute, nous l'avons vu, que les viols aient jamais eu lieu.

Pierre Vidal-Naquet lui écrit à ce sujet, dès le 2 janvier, pour lui donner son point de vue :

« L'idée qu'il y ait eu une machination est parfaitement défendable, l'idée que ces filles aient pu en être complices est simplement grotesque... S'il y a eu machination, sache que le violeur ne peut être que quelqu'un qui te connaît très bien. Réfléchis sur ce point... Mais ton hypothèse est moralement, scientifiquement indéfendable. Je te rappelle que c'est également l'opinion de Claire-Lise Foiret. Elle aussi est persuadée que le viol a eu lieu. »

A ce moment de l'instruction, le comportement psychologique des protagonistes de l'affaire : les victimes d'un côté, Tangorre de l'autre, va jouer un rôle prépondérant.

Jessica et Marilyn sont, pour les enquêteurs et pour les magistrats, des victimes idéales : dignes, sereines, intelligentes, issues d'un bon milieu et dotées d'un don d'observation qui va, en définitive, leur permettre d'identifier leur agresseur, car c'est uniquement grâce à elles, grâce au minutieux examen auquel elles se sont livrées pendant qu'elles subissaient les assauts du violeur et à la découverte des livres empaquetés dans du plastique déposés à l'arrière du véhicule que les gendarmes ont arrêté Tangorre. Tour à tour chaleureuses, émouvantes ou détendues, elles séduisent par la fraîcheur de leur jeunesse, leur spontanéité qui leur permet de passer en un éclair du rire aux larmes.

Mme Espérandieu, interprète près la cour de Nîmes, s'est aussitôt prise d'amitié pour ces deux filles. Le 24 octobre, quand Tangorre est arrêté, elle les accompagne dans la voiture de gendarmerie de Nîmes à Lyon où elles doivent assister à une parade pour reconnaître leur agresseur.

Simple formalité, car elles ont déjà vu à plusieurs reprises des photos de Luc Tangorre, notamment lorsque le juge et les gendarmes se sont rendus aux Etats-Unis pour les besoins de l'enquête. Elles n'auront donc pas à le reconnaître puisqu'elles le connaissent déjà. Elles sont néanmoins très angoissées à l'idée d'être mises, pour la première fois, en présence de cet homme, se souvient Mme Espérandieu.

Elles ont vu des parades d'identification dans des films, mais elles se demandent si c'est la même chose en France, si elles ne vont pas se trouver nez à nez avec leur agresseur. Pendant tout le trajet, elles sont tendues, des sanglots leur viennent par vagues. Cette affaire les a vraiment traumatisées.

Après l'identification du violeur, elles paraissent plus calmes. L'arrestation de Tangorre les soulage d'un grand poids. Rentrées aux Etats-Unis, elles craignaient que l'agresseur ne les poursuive, comme il le leur avait promis. Cette idée, disent-elles, les a hantées.

Le lendemain, à Nîmes, nouvelle identification, celle des vêtements que l'agresseur portait le jour des viols. Du tas de pantalons et de chemises saisis dans l'appartement lyonnais de Luc Tangorre, elles extraient un polo Lacoste jaune et un jean blanc. Elles choisissent une paire de chaussures de sport mais là, elles se trompent à coup sûr : ces chaussures ont été achetées après l'agression.

Le jour suivant, nouvelle épreuve, elles doivent être examinées par les psychiatres.

Le Dr Chabrand remarque le courant d'amitié qui passe entre les deux filles et l'interprète.

Ce sera la même chose avec Pascale Cuttulic-Jaouen, une jeune avocate de Sommières qu'elles ont choisie pour déposer leur constitution de partie civile, une grande jeune femme d'allure sportive qui parle avec une belle gourmandise de la mer, de la Bretagne et de la voile. Tout de suite, un climat de confiance et d'amitié s'instaure. Jessica et Marilyn, enfin plus détendues, lui ouvrent leur cœur. Elles évoquent leur enfance. Jessica parle de sa famille, de son beau-père, un homme d'affaires qui joue un rôle influent au parti démocrate, de sa mère photographe et de sa sœur, de son adolescence de rêve hyperprotégée de tout ce qui aurait pu la heurter dans la vie quotidienne de l'Amérique. Même protégée de ce qui pouvait se passer dans sa propre famille :

– Le divorce de mes parents nous a révélé qu'ils ne s'entendaient pas. Nous l'avions ignoré jusque-là et pourtant nous vivions très près d'eux...

Elle va aussi découvrir qu'à l'extérieur la vie peut être très différente. Dès qu'elle a eu son permis de conduire, on lui a acheté une voiture, mais elle connaissait mal la ville, elle n'était jamais sortie seule. Au cours d'une promenade, elle s'est perdue. D'une rue à l'autre, elle est arrivée dans un quartier noir, et là elle a découvert la misère. Elle qui croyait que toutes les familles d'Amérique étaient à l'image de la sienne ou de celles de ses camarades de collège voyait brutalement qu'à quelques centaines de mètres de chez elle des gens vivaient dans un état de pauvreté qu'elle n'imaginait pas. Elle en avait été choquée au point qu'en retrouvant la maison de ses parents elle n'avait pu s'empêcher de reprocher à sa mère : « Pourquoi m'avez-vous caché la vérité ? »

Jessica, par ailleurs, fait preuve d'une grande force de caractère, même si elle a gardé de sa jeunesse privilégiée une certaine tendance à la naïveté. Son comportement qui l'incite à aller droit au but, le sens qu'elle manifeste pour ce qui est efficace et pratique évoquent ces cheftaines sûres d'elles et toujours prêtes à prendre sous leur aile ceux qui leur paraissent avoir besoin d'aide.

D'une nature dynamique, elle entraîne tout le monde dans son sillage. C'est ainsi que Marilyn, dès qu'elle est arrivée au collège Alma, au mois de janvier, s'est rapprochée d'elle. Il y avait quelque chose de rassurant chez Jessica qui aidait Marilyn, timide jusqu'à l'angoisse, à s'intégrer dans cette vie totalement nouvelle : à l'étranger, dans une école où elle ne connaissait personne. Elle avait besoin d'une amie. Ce fut Jessica.

Marilyn n'a pas eu l'enfance dorée de sa camarade. Elle est née dans une famille nombreuse et puritaine où l'atmosphère est plus rigide et moins empreinte de fantaisie que dans celle de Jessica. Curieusement, alors qu'elle se fie en tout à son amie, elle semble avoir mieux réagi aux répercussions psychologiques des violences subies. Face à une situation traumatisante, Marilyn parvient à se contrôler et à faire front.

Victimes parfaites, les deux jeunes filles le sont aux yeux des gendarmes et du juge pour qui elles se montrent de précieuses auxiliaires. Sur la recommandation de Jessica, elles ont établi une description de l'intérieur de la voiture du violeur et dressé une liste des objets qui s'y trouvaient aussi complète que le constat d'un huissier de justice. Tout cela pendant que l'homme les violait, ce qui suppose une remarquable maîtrise de soi.

Victimes parfaites aussi par leur comportement en

public. Elles ont l'air saines, pleines de vie. A les regarder, on comprend l'horreur de ce qui leur est arrivé. Elles sont comme deux beaux fruits marqués par un insecte. Souillées. On comprend aussi qu'elles en soient choquées et que, lorsqu'on évoque cette journée du 23 mai, elles aient besoin de se prendre la main et de pleurer. Cette attitude naturelle touche les enquêteurs :

– On ne peut pas s'empêcher, en face d'elles, de ressentir un sentiment de culpabilité. On aurait aimé pouvoir les protéger de ce drame.

On va donc les protéger après coup en évitant d'ajouter à leur angoisse en leur demandant d'évoquer avec trop de précisions les événements qui ont précédé le moment où elles sont montées dans la voiture verte, près de la gare des bus de Montolivet, le 23 mai vers 19 heures. Mais est-ce bien 19 heures ? Nous verrons en étudiant les tâtonnantes reconstitutions du trajet de Marseille à la pommeraie de Nîmes. Des magistrats chargés d'examiner le dossier, ceux de la cour d'appel de Montpellier entre autres, relèveront des différences, voire des contradictions, dans les déclarations des victimes, plus particulièrement sur le trajet Marseille-Nîmes. Cependant, on ne cherchera pas plus loin, l'enquête et l'instruction s'étant par ailleurs attachées à gommer les scories qui pourraient faire naître ne serait-ce que l'ombre d'un doute. Ainsi construit-on un dossier manichéen. Le blanc de l'innocence d'un côté avec ces deux jeunes Américaines « scientifiquement » qualifiées « dignes de foi » par les psychiatres, le noir, celui qu'il est normal de retrouver là, le violeur récidiviste : Luc Tangorre, dont les mêmes psychiatres reconnaissent d'ailleurs que « ses propos ont un accent de vérité », « ce qui n'implique évidemment pas, ajoutent-ils, une appréciation quelconque quant à son innocence ou à sa culpabilité ».

Du même coup, toute tentative d'explication qui pourrait être liée à la complexité et à l'ambiguïté de la nature humaine est rejetée. On a, d'une part, des victimes dont on va « ajuster » les déclarations jusqu'à l'achèvement de l'instruction, de l'autre non pas un prévenu ni un inculpé, mais un coupable qui se bat vainement comme un poisson rouge dans un bocal vide. Son innocence, les témoignages que fournit son entourage, les amis ou les voisins qui attestent un emploi du temps excluant sa culpabilité, tout cela est contesté car, disent les jurés, « leur caractère imprécis ne les rend pas déterminants ».

Quand on voudra expliquer le comportement de ce garçon qui, « ne présentant aucune modification morphologique pouvant le rendre disgracieux, a eu une vie sexuelle normale pour un homme jeune, agréable et ayant un beau discours », le Dr Benaoun, médecin légiste, et la psychologue, Mlle Rozier, constatent que « bien qu'il ne semble pas présenter une nature perverse, ce jeune homme se trouve pour la seconde fois dans une situation à peu près identique à celle qui a été portée devant la justice. Hanté par le fantôme d'un double dans lequel il ne peut pas se reconnaître, il clame son innocence, mettant en cause la réalité même des viols qui lui sont reprochés ». Ces experts sont ceux qui ont fait le travail d'approche le plus sérieux sur la personnalité de l'inculpé. En six mois, ils ont eu seize heures d'entretien avec Luc Tangorre.

De leur côté, on s'en souvient, les psychiatres, les Drs Agussol et Chabrand, n'ont relevé aucun signe pathologique chez le patient et soulignent que « son discours est cohérent », que « ses propos ont des accents de vérité ». Ils constatent, en outre, que Tangorre n'a simulé d'aucune façon une aliénation mentale. Il a toujours clamé son innocence, mais n'a jamais douté de sa responsabilité.

Cet ensemble de constatations psychiatriques et psychologiques aurait, par les ouvertures qu'elles proposaient, mérité une étude plus approfondie, une contre-expertise par des spécialistes habitués au problème complexe de ce type de criminalité. Peut-être, en comparant la personnalité de Tangorre avec des critères déjà reconnus, aurait-on pu approcher de plus près la vérité du personnage. Pouvait-il, ne pouvait-il pas être un violeur ? Au lieu de cela, joignant à son dossier les « cotes de personnalité » de la première affaire, le juge nîmois a fait un amalgame qui dessine un profil aggravé du détenu. L'arrêt de renvoi de la cour d'assises, daté du 23 novembre 1989, se borne à constater que « les psychiatres qui ont examiné Luc Tangorre ont conclu qu'il n'était atteint d'aucune anomalie physique de nature à influer sur sa personnalité ; l'expertise médico-psychologique n'a par ailleurs pas permis de mettre en évidence le moindre trouble, la moindre déficience physique ou psychique susceptible d'influer sur son comportement ». Les Drs L'Hermite et Plomion qui, dans le cadre de la précédente procédure criminelle, l'ont examiné en mai 1981, ont noté que sa sexualité présentait « à la fois une agressivité principalement dirigée sur les personnages féminins et des fantasmes quasi obsédants de pénétration sexuelle. (...) La sexualité est glorifiée, elle occupe un champ important dans la conscience de l'inculpé », concluaient-ils.

Aucun des éléments favorables contenus dans les rapports établis par les psychiatres et les psychologues dans l'affaire en cours n'a été retenu. En revanche, ceux, beaucoup plus critiques, établis huit ans auparavant par des experts qui n'ont examiné Tangorre que pendant deux entrevues d'une demi-heure figurent dans l'arrêt de renvoi. Or, cet arrêt est l'une des pièces importantes du procès d'assises sur lesquelles les jurés fondent leur conviction.

A l'évidence, au fur et à mesure que l'instruction se développe, les relations se tendent entre le magistrat instructeur et le détenu. Le premier, de plus en plus convaincu de la culpabilité de Tangorre, et Tangorre enfermé dans son innocence, rageant qu'elle ne soit pas reconnue par tous et qui argumente, raisonne, écrit, essaie de convaincre et, finalement, indispose le juge d'instruction en se plaçant en face de lui comme un martyr de la justice.

L'enquête est pourtant loin d'être achevée. De nombreuses zones d'ombre persistent. Certaines ne seront jamais éclaircies. Les certitudes partagées des enquêteurs et du juge les conduiront à privilégier les éléments à charge du dossier plutôt que les éléments à décharge, les commissions rogatoires délivrées par le juge ne servant en définitive aux gendarmes qu'à conforter leur propre enquête. Il aurait été préférable, pour approcher plus sereinement la vérité, de faire appel dès l'arrestation de Tangorre à la police judiciaire, mieux équipée et mieux formée pour affronter ce genre d'affaire. On aurait même pu, si le juge, pour des raisons d'organisation de son cabinet, ne voulait pas compromettre de bonnes relations avec la gendarmerie, partager les commissions rogatoires. Le code de procédure ne l'interdit pas. Ainsi, on aurait pu charger le service régional de la police judiciaire de la partie scientifique des recherches et laisser aux gendarmes les investigations sur le terrain.

Peut-être aurait-on pu éviter ainsi de voir Tangorre se transformer en juge de son propre dossier. Sur l'ordinateur qu'il a fait installer dans sa cellule, il note chaque acte de justice et met l'accent sur ce qu'il appelle « le système inquisitoire » du magistrat instructeur, engageant avec celui-ci un bras de fer qui n'aide pas à la manifestation de la justice.

16

L'affaire de l'agenda, par exemple. Le jour de l'arrestation de Luc Tangorre, Florence et Khadoudja cherchent dans l'appartement de Luc un agenda qui lui a été offert à sa sortie de prison par Jean-Paul Joachy. Les deux filles le retrouvent dans un tiroir, enfoui entre deux dossiers. Tangorre l'utilise pour se remémorer ses principales activités. Accessoirement aussi, il y note ses bonnes fortunes. Un rapide coup d'œil permet à Florence et à son amie de s'apercevoir qu'elles ont eu raison de chercher ce carnet. A la date du 23 mai figurent deux inscriptions en haut de page pour la matinée. « Lundi en famille. Visite de Marseille », en bas de page : « Soirée chez papa et maman ». Elles appellent Jean-Paul Joachy qui téléphone aux gendarmes, puis télégraphie au juge d'instruction de Nîmes, dont il ne connaît pas encore le nom, pour l'informer qu'il détient l'agenda de Luc Tangorre et que ce document contient des informations qui l'intéressent et permettent de contrôler rigoureusement l'emploi du temps du jeune homme. Il demande, en outre, à être entendu dans le cadre de l'instruction.

En examinant l'agenda, le juge et les gendarmes remarquent que l'inscription « Soirée chez papa et maman » semble avoir été écrite de la même main que les pages suivantes jusqu'au 30 mai.

Et si Tangorre l'avait ajoutée par la suite pour conforter son alibi ?

Le 2 décembre, le juge Lernould désigne un expert, Mme Claire Arminjon, qui habite Grenoble, lui confiant la mission de procéder à l'étude de la mention « portée *in fine* » de la page du lundi 23 mai, et d'établir des comparaisons avec les mentions portées par l'inculpé sur les pages allant du 21 au 30 mai ainsi qu'avec toutes les autres mentions écrites de la main de Tangorre dans le même agenda.

Interrogé à ce sujet, Tangorre répond que l'agenda est destiné à rendre compte de son emploi du temps. Il le tient un peu à la manière d'un journal intime, mentionnant les événements de sa vie au jour le jour. Néanmoins, il prend du retard, il lui arrive de noter une semaine en une seule fois. C'est ce qui semble s'être produit dans la semaine du 21 au 30 mai.

Le juge ne paraissant pas douter que la mention incriminée ait été écrite par Tangorre, il reste à définir à quel moment. Il n'est pas possible qu'il ait pu le faire depuis son arrestation. Il a été placé aussitôt en garde à vue et les gendarmes, dès lors, ne l'ont pas quitté. Il faut donc envisager qu'il l'ait écrite plus tôt, mais pour retenir l'hypothèse de la recherche d'un alibi, il faut aussi supposer qu'il savait qu'il allait être arrêté ou bien qu'immédiatement après les viols, s'il en est l'auteur, il a assuré ses arrières, ce qui ne cadre pas avec le caractère « pulsionnel » des faits tels qu'ils apparaissent dans les déclarations des victimes.

Deux mois plus tard, le 25 janvier, Mme Arminjon rend un rapport de sept pages.

L'expert confirme que la phrase « Soirée chez papa et maman » est écrite de la même main que les pages suivantes. Toutefois, elle poursuit :

« Il semble que la mention n'ait pas été écrite au même moment que l'écriture figurant sur les pages des 23 et 24 mai, ainsi qu'en témoignent les différences de rythme et d'inclinaison de l'écriture. »

Prudente, elle ajoute :

« En supposant que la mention ait été écrite en même temps que les autres écrits, pourquoi y a-t-il des signes d'hésitations, de doutes, alors que le scripteur ne cherche pas à dissimuler son écriture ? »

Et elle nous explique pourquoi :

« En tenant compte du caractère du scripteur et des signes relevés sur la mention manuscrite du 23 mai, on est en droit de douter de l'authenticité du scripteur. La soirée chez papa et maman a-t-elle vraiment eu lieu ? »

Les approximations de l'expert rappellent à Me Vidal-Naquet une citation d'Alfred Jarry : « Tout est dans tout et réciproquement. » Il demande sur-le-champ une contre-expertise.

Mme Arminjon, dans son argumentation, n'a, en effet, pas hésité à se muer en psychologue. Ce qu'elle écrit est beau comme un roman :

« Le scripteur est hésitant, il doute. Le caractère est fuyant, voire dissimulateur. Il n'y a pas de rigueur, la conscience de soi est inégale et le scripteur ressent un sentiment d'insécurité et d'incertitude. Cette mention a été écrite par un Tangorre poussé par la nécessité. »

Elle ajoute :

« La personnalité est capable de s'adapter à ce qui se présente et d'improviser grâce à un esprit vif et subtil pouvant pallier par ses capacités de compréhension et de renouvellement. »

Pallier quoi ? L'expert ne nous le dit pas, mais on voit très bien Tangorre improviser cette inscription pour renforcer l'alibi que lui fournissent sa tante, Claire-Lise Foiret, la mère, la fille de Claire-Lise et les parents Tangorre. Le juge rejettera la demande de contre-expertiste de Me Vidal-Naquet.

Considère-t-il que l'épisode de l'agenda a atteint son but en retournant contre Tangorre un élément qui lui était au départ favorable ? Peu importe que les moyens employés reposent sur une expertise discutable.

Cette expertise donnera lieu d'ailleurs à un incident violent le jour où le magistrat notifiera les conclusions du rapport à Luc Tangorre.

Dans une crise de rage, l'inculpé se lève, insulte le juge, l'accuse de suspicion « illégitime ». M. Lernould le fait expulser le temps pour Me Vidal-Naquet, que ce bras de fer permanent met dans une situation difficile, d'aller le raisonner dans le couloir. Tangorre revient. Sans un mot, il signe le procès-verbal et retourne en prison. Le juge n'a pas dit ce jour-là à l'inculpé que l'expert avait accompagné son rapport d'une lettre, personnelle il est vrai, dans laquelle elle reconnaissait : « Ma conclusion n'est finalement qu'une interrogation. Il m'est difficile de conclure autrement. »

Le juge versera cette lettre au dossier. Quelques années plus tard, après le procès d'Omar Raddad avant les assises des Alpes-Maritimes et la prestation spectaculaire que les graphologues feront à cette occasion, un grand médecin légiste portera sur leur pratique ce jugement sévère :

– Il ne faut jamais se fier à leur avis. Ils arguent d'une science alors qu'ils sont à peu près aussi sûrs que des astrologues. Tout le monde connaît leurs erreurs catastrophiques.

17

Le trajet entre Marseille et Nîmes, effectué par les deux Américaines dans la 4 L de l'homme qui allait les violer, a été l'un des éléments de l'enquête le plus controversé. Le 24 mai, le lendemain de l'agression, les deux filles entendues pour la première fois par les gendarmes racontent la fin de leur périple sur la côte.

Elles ont passé l'après-midi sur la plage des Sablettes.

– Nous en sommes reparties vers 17 h 30, après avoir discuté avec des hommes sur la plage, déclare Marilyn.

– Vers 17 ou 18 heures nous sommes reparties de La Seyne, toujours en stop, dit Jessica.

La Seyne est une petite ville à une vingtaine de minutes des Sablettes, selon les deux filles. Elles retournent à Marseille où, d'après Jessica, elles arrivent vers 19 heures, tandis que Marilyn estime qu'elles ont été prises en stop à 19 heures par le conducteur de la 4 L verte.

Elles préciseront par la suite que, voulant donner de leurs nouvelles à leurs correspondants de Paris, elles avaient cherché une cabine téléphonique mais que celles qu'elles avaient trouvées étant en panne, elles avaient renoncé après avoir marché environ vingt minutes.

Du trajet, Marilyn qui parle moins bien le français que sa camarade, n'a pas retenu grand-chose, sinon que l'homme, qui n'a dit ni son nom ni son prénom, a emprunté la route nationale. Elle se rappelle qu'ils sont passés à Avignon. Jessica, elle, est plus précise :

– Il n'a pas emprunté l'autoroute. Nous avons fait Marseille-Arles-Avignon toujours par la route.

Jessica a remarqué que l'homme a sorti cent francs d'une pochette pour prendre de l'essence entre Marseille et Arles. Puis elle poursuit :

– Il a voulu passer par Avignon car il disait que c'était moins cher. Il n'y avait pas de péage. J'ai reconnu la ville que j'avais déjà visitée lors de précédents voyages. Nous sommes passés devant le château des Papes. Il nous a proposé de s'y arrêter.

Ils prennent ensuite la direction de Nîmes. Jessica croit toujours qu'ils sont dans le bon axe. Lorsqu'ils arrivent à la pommeraie, il est entre 20 h 30 et 21 heures. C'était trois quarts d'heure à une heure avant qu'il ne fasse nuit.

– Je ne sais pas combien de temps nous sommes restés là, dit Jessica.

Plus tard, elles déclareront que les viols avaient commencé alors qu'il faisait encore jour, et s'étaient achevés après la tombée de la nuit.

Pour essayer d'apporter un peu plus de précisions, les gendarmes s'adressent aux services de la météorologie nationale : le soir du 23 mai 1988, le soleil s'est couché à 21 h 06.

Pour fixer l'heure à laquelle la nuit est tombée, aucun

critère légal n'existant, les enquêteurs se renseignent auprès des techniciens de la tour de contrôle de Nîmes-Garons. Ils n'ont pas, eux non plus, de définition exacte du passage du crépuscule à la nuit. Tout ce qu'ils peuvent leur communiquer, c'est la règle du vol à vue qui n'autorise pas les pilotes à voler au-delà d'une demi-heure après le coucher du soleil.

Peut-on dire pour autant qu'à 21 h 30, il faisait nuit, ou en tout cas, assez sombre, pour donner aux pilotes une visibilité suffisante ?

Après les viols, les deux jeunes filles pensent qu'il a dû s'écouler une heure entre leur départ de la pommeraie et leur arrivée à la borne 19 de l'autoroute d'où, à 23 h 15, elles ont appelé les gendarmes.

Cet emploi du temps restera inchangé pendant les quatre mois où l'enquête se poursuivra contre X, c'est-à-dire à la recherche d'un auteur non identifié. Mais à partir du moment où le nom de Tangorre va apparaître, le juge va s'apercevoir que le trajet tel que les jeunes filles l'ont établi ne « colle » pas avec les horaires qu'elles ont donnés. La 4 L, à bord de laquelle elles sont montées à Marseille aux environs de 19 h 30, n'a pas pu arriver à Nîmes une heure et demie plus tard, vers 21 heures (n'oublions pas que le soleil se couche ce soir-là à 21 h 06 et que les victimes déclarent être arrivées une heure à trois quarts d'heure avant qu'il ne fasse nuit). Les faits se sont-ils bien déroulés comme elles l'ont raconté ?

Ou bien la 4 L n'a pas emprunté cet itinéraire, ou bien les heures ne correspondent pas mais, incontestablement, il y a incohérence.

C'est le premier accroc dans le dossier.

Jusque-là, l'enquête s'est déroulée sans rencontrer

de difficulté. Tangorre, déjà condamné pour des faits identiques, est le coupable idéal. Les constatations des gendarmes et surtout les témoignages des jeunes filles, d'une extrême précision, ont permis d'étayer les soupçons. La 4 L verte semblable à celle qu'utilise le garçon, le lieu des viols à proximité de la maison qu'il a habitée avec sa famille lorsqu'il était enfant, les livres remarqués par les deux Américaines dans la voiture, l'identification sur photos, puis de Tangorre lui-même le jour de son arrestation, tout cela forme un faisceau de présomptions qui ne paraît pas pouvoir être mis en cause. Bien sûr, tout n'est pas aussi clair que cette simple énumération. On discutera du fait qu'aux Etats-Unis les photos de Tangorre aient été présentées, isolées, aux plaignantes. Que celles-ci ont pu voir d'autres photos en France. Elles n'ont donc pas eu à faire un grand effort de mémoire pour reconnaître Tangorre parmi les individus qui leur étaient présentés dans une parade organisée à la gendarmerie de Lyon. Mais, en revanche, les détails relevés par les victimes dans le véhicule, signalés dans le premier procès-verbal d'audition le lendemain de l'agression : les sièges en similicuir marron, le bouton-poussoir de la serrure manquant à la portière arrière droite, les livres avec le titre en couverture commençant par le mot « culpabilité » (en réalité, c'est « coupable ») imprimé à l'encre verte, ce qui n'est pas banal, ressemblent étrangement à des détails qu'on pouvait observer sur la 4 L utilisée par Tangorre depuis sa sortie de prison.

Dès son arrestation, l'inculpé dénonce une machination organisée par ceux qui n'ont pas accepté qu'il bénéficie d'une grâce. Pour étayer la thèse d'un guet-apens qu'on lui aurait tendu, il s'appuie sur les nombreuses menaces – écrites, verbales – qu'il a reçues depuis qu'il a quitté la centrale de Muret. Certes, Luc Tangorre n'a pas que des amis ; cependant, mettre sur pied une telle machination ne nécessite pas que de la haine, il faut aussi avoir les moyens de l'organiser.

Ce qu'on n'a pas évoqué encore, c'est la possibilité que les faits ne se soient pas passés comme ils ont été racontés. D'autres hypothèses peuvent être envisagées, avec ou sans Tangorre.

Pour l'instant, l'enquête bute sur l'itinéraire suivi par la voiture de l'agresseur tel que le décrivent Jessica et Marilyn.

« Le cas parfait du crime possible », ainsi que l'a défini Me Vidal-Naquet qui demande une reconstitution immédiate du trajet.

Réduire le temps de ce trajet, le faire rentrer dans des normes acceptables, c'est ce que vont s'efforcer de réaliser les gendarmes et les plaignantes, au cours de la reconstitution qui se déroule le 4 novembre, après la première confrontation avec Luc Tangorre. Elle aura lieu avec une voiture de la gendarmerie du même modèle que celle de l'inculpé.

A partir de là, changement de décor, on nous projette un autre film.

Les gendarmes conduisent donc les victimes à Marseille jusqu'au boulevard Françoise-Duparc, à la sortie de l'autoroute de l'Est, où l'automobiliste, qui les ramenait de Toulon en stop, les a déposées le 23 mai.

– Il était 17 h 45, « d'après leurs dires », notent les enquêteurs qui tiennent à préciser que ce bouleversement d'horaire n'est pas de leur fait.

Dans leur première déclaration, les plaignantes situaient leur arrivée à Marseille aux environs de 19 heures.

Le véhicule prend la direction de Lyon, non par la

nationale mais par l'autoroute qui, il est vrai, n'est pas payante sur cette section.

A la station-service de Berre, le *Relais des chasseurs*, les filles, au premier coup d'œil, reconnaissent l'endroit où leur agresseur s'est arrêté, le 23 mai, pour faire le plein.

Et l'on continue.

– Voyant le panneau indiquant : *Arles*, elles nous invitent « sans conviction » à prendre cette direction. Il s'avère rapidement qu'elles ne reconnaissent plus l'itinéraire emprunté. Arrivés à Arles, elles sont formelles : elles ne sont jamais passées par cette ville.

A partir de là, les gendarmes arrêtent le chronomètre. Le temps du trajet indiqué par les plaignantes est déjà dépassé, bien que la voiture de gendarmerie ait roulé pendant trente kilomètres sur l'autoroute. On gagne Avignon où il reste encore un point à préciser. Dans sa première audition Jessica déclare :

– Il a voulu passer par Avignon, car il a dit que c'était moins cher. Il n'y avait pas de péage. J'ai reconnu Avignon. Nous sommes passés devant le palais des Papes.

Or, pour « passer devant le palais des Papes », il faut traverser la vieille ville et ses rues étroites, ce qui, dans la circulation d'un lundi de Pentecôte, doit prendre entre quinze et trente minutes.

On en restera là.

– Pressés par l'heure de départ du train des victimes, il ne nous a pas été possible de refaire un autre trajet, concluent les gendarmes.

Malgré le gain d'une heure, permis dès le départ par « l'évolution » du témoignage de Marilyn, il n'est toujours pas possible d'effectuer le trajet en une heure trente-cinq minutes, selon les premières déclarations des plaignantes.

Voilà le dossier dans une impasse. Il est évident que,

sans cohérence entre le trajet et l'horaire, l'accusation perd de sa crédibilité. Le magistrat le sait bien. Il ne pourra pas retenir longtemps Tangorre en prison s'il ne parvient pas à faire rentrer les faits dans l'horaire.

18

Conforté par l'échec de la reconstitution, Luc Tangorre écrit au juge :

« En flagrant délit de mensonge, les plaignantes sont mathématiquement dans l'obligation de rebâtir le scénario dénoncé dans leurs plaintes. »

Une demande de mise en liberté provisoire est déposée par Me Vidal-Naquet qui réclame, en outre, au magistrat instructeur d'ordonner, non une reconstitution des faits, mais une reconstitution du trajet, si possible un jour de fête et avec la voiture de Tangorre.

Me Cuttulic-Jaouen, de son côté, écrit au juge pour s'élever contre une éventuelle libération du détenu.

La demande de mise en liberté provisoire est rejetée mais, de toute façon, le magistrat doit procéder à une deuxième reconstitution du trajet. Il va soigneusement la préparer et faire en sorte que, désormais, l'emploi du temps des plaignantes soit crédible.

La date est fixée au dimanche 19 février 1989, mais d'abord il faut réaménager le parcours.

On peut imaginer que les plaignantes qui ne sont pas françaises connaissent mal la région. N'ont-elles pas déjà dit aux gendarmes, au cours de la première reconstitution, qu'elles n'étaient jamais passées par Arles ? Elles ont vraisemblablement été abusées par les panneaux routiers. Voyant le chauffeur s'engager sur une route dont la signalisation indiquait : *Arles*, elles ont cru y aller, mais elles ont bien vu, lors de la reconstitution, qu'elles s'étaient trompées. C'est le point de vue que va adopter le juge. En revanche, il est impossible d'éviter Avignon. Jessica en a parlé avec trop de précision.

Au cours de la reconstitution, Jessica et Marilyn ont confirmé qu'elles étaient passées par Avignon. Elles se souviennent « d'avoir longé les remparts » ainsi que le « palais des Papes ». Le juge pense néanmoins qu'on peut faire l'économie d'un peu de temps si, au lieu de « passer devant le palais des Papes » ou de « le longer », on le voit de loin : du pont de l'Europe, par exemple, d'où l'on découvre une vue générale sur la vieille ville et sur le palais, ou bien en suivant les remparts mais en direction d'Orange, dans le sens opposé à la route de Nîmes. Il faudra encore supposer que les jeunes filles ont considéré qu'elles passaient devant le palais des Papes alors qu'elles le regardaient de loin. Pourquoi pas ?

On peut aussi envisager que Jessica, qui, dans cette partie de sa première audition, parlait en français, s'est mal exprimée. C'est un peu tiré par les cheveux, d'autant qu'on se demande pourquoi l'homme aurait proposé aux deux Américaines de leur faire visiter le palais des Papes s'ils n'avaient fait que passer en longeant les murs, à plusieurs centaines de mètres du monument, mais enfin...

Par ailleurs, le juge envisage de faire une reconstitution globale : on partira de la rue Sainte-Cécile où habitent les Tangorre, et on y reviendra après avoir effectué le périple supposé de l'inculpé au soir du 23 mai.

Le plan de la reconstitution prévoit de suivre l'autoroute dans sa partie gratuite, puis de gagner Avignon, en évitant Arles, et sans pénétrer dans la ville pour passer devant le palais des Papes.

Quatre véhicules formeront le cortège : le premier sera une 4 L de la gendarmerie et non la voiture de Tangorre, comme celui-ci l'a demandé. Quatre personnes y prendront place, le juge, la greffière, l'adjudant-chef Vinials qui commande la brigade des recherches et l'adjudant Bernon, préposé au chronométrage. Dans le deuxième véhicule se trouveront Luc Tangorre et l'escorte de gendarmes. Le troisième sera celui de Me Vidal-Naquet, le quatrième, la voiture de Me Cuttulic-Jouaen, partie civile, ses deux clientes étant aux Etats-Unis.

Première halte dans la pommeraie. Le juge constate que la visibilité n'est pas la même que le 23 mai. Les arbres sont taillés et ne portent pas de feuilles. Les branches raient la peinture de la 4 L des gendarmes. On mesure. L'allée est assez large, deux mètres quarante, la largeur de la 4 L est de un mètre quarante et un (selon les victimes, la proximité des arbres interdisait l'ouverture des portières et donc toute tentative de fuite).

Et maintenant, en route pour Marseille !

Avant de partir, et pour répondre d'avance aux objections que ne manquera pas de lui faire la défense sur l'objectivité de cette reconstitution, le juge Lernould précise que ce dimanche 19 février a été choisi parce qu'il s'agit d'un jour férié qui marque la fin des congés scolaires dans l'académie d'Aix-en-Provence.

Il explique par ailleurs que la 4 L de la gendarmerie qui est utilisée a été mise en circulation en 1982 et que son compteur indique une distance parcourue de quatre-vingt-quatorze mille trois cent soixante et onze kilomètres.

– Pourquoi ne pas avoir pris la voiture de Tangorre qui est stationnée devant la cour de la gendarmerie ? demande Me Vidal-Naquet.

– Parce qu'elle n'était pas en état de rouler. Ses pneus étaient dégonflés et il fallait mettre de l'huile dans le moteur.

Et le juge ajoute que, tenant compte des déclarations des plaignantes et des indications de Mme Tichané, ancienne propriétaire de la 4 L de Tangorre, la vitesse maximale de cent kilomètres à l'heure ne sera pas dépassée. Il estime qu'ainsi la défense bénéficiera de toutes les garanties souhaitables.

Un saut jusqu'aux Jonquilles où habita la famille Tangorre, le temps de prendre quelques photos de la façade avec la cabine téléphonique installée à l'entrée, puis on repart, direction Marseille, où l'on arrive, une heure trente-huit minutes plus tard, rue Sainte-Cécile.

Nouveau départ pour reconstituer cette fois le parcours qu'aurait pu emprunter Tangorre pour se rendre jusqu'à la station de bus de Montolivet où il aurait pris les deux jeunes filles en stop et quitté Marseille avec elles.

Deux autocars suivent le cortège. Ils ont été loués par des journalistes pour assister à la reconstitution. L'itinéraire fixé par le juge prévoit de suivre l'autoroute dans sa section gratuite jusqu'à la sortie Rognac-Berre et, de là, de rejoindre la nationale 113 en direction d'Avignon.

Scrupuleux, le juge Lernould mentionne que la 4 L des gendarmes a atteint une vitesse maximale de cent quinze kilomètres à l'heure sur une section d'autoroute en pente d'environ trois kilomètres à proximité de l'aéroport de Marignane. Nul doute que le cortège roule à bonne allure car, au premier chronométrage, à hauteur de la station-service de Berre, le *Relais des chasseurs*, que les plaignantes ont reconnue lors de la première reconstitution, on s'aperçoit qu'on a couvert les trente-neuf kilomètres du parcours en vingt-six minutes alors que, le 4 novembre, il en avait fallu quarante.

On continue jusqu'à Salon puis, par la nationale 538, on rejoint la nationale 7 à Sénas et on la suit jusqu'à Avignon. A l'entrée de la cité des Papes, la circulation est ralentie. Il y a une heure vingt-trois minutes que le cortège a quitté la gare de bus de Montolivet. La 4 L des gendarmes longe les remparts et franchit le Rhône par le pont de l'Europe « d'où nous apercevons très distinctement le palais des Papes mentionné par la partie civile », note le juge.

Le trajet Avignon-Nîmes se fait sans histoire. On s'arrête pour prendre de l'essence et on décompte huit minutes, puis arrivés à Nîmes on s'engage sur le chemin du Pont-des-Isles qui est obstrué. Les enquêteurs sont pourtant venus la veille repérer le parcours. Les véhicules devront faire une marche arrière de trois cents mètres. On a arrêté les chronos, on les redéclenche et on arrive enfin.

Le chronométrage indique un temps de deux heures vingt minutes auquel on ajoute cinq minutes, le temps évalué pour faire le plein d'essence au *Relais des chasseurs*. Le juge n'explique pas pourquoi il a évalué à cinq minutes une halte à la station-service alors qu'une opération identique, mais réelle celle-là, a pris huit minutes, ainsi qu'il l'a noté dans son procès-verbal. Pour le reste des calculs, on sent qu'on a essayé, dans la mesure du possible, de faire dire aux chiffres ce qu'on attendait d'eux.

Dans la première audition, Jessica déclare :

– Nous sommes arrivées [à Marseille] vers 19 heures.

Les deux Américaines ajoutent avoir ensuite marché pendant vingt minutes, à la recherche d'une cabine téléphonique, avant d'être prises en stop.

Au cours de la première reconstitution, elles rectifient : elles ont été déposées, affirment-elles, à la sortie de l'autoroute de Toulon, au carrefour du boulevard Françoise-Duparc et de la rue de la Blancarde : « Il était 17 h 45 environ. » Une heure et quart en moins, c'est trop.

Le juge Lernould doit établir un autre horaire.

– Il peut être raisonnablement retenu que le départ de La Seyne s'est effectué à 17 h 30.

Soixante et un kilomètres séparant La Seyne de Marseille, le juge calcule que les deux auto-stoppeuses ont pu rejoindre Marseille en une demi-heure, trois quarts d'heure, soit entre 18 heures et 18 h 15.

C'est oublier que l'autoroute ne passe pas à La Seyne mais à plusieurs kilomètres de cette ville et que les plaignantes déclarent qu'elles ont été prises en stop à la sortie de Toulon, qui est à sept kilomètres de La Seyne. Enfin, au soir d'un lundi de Pentecôte, à ces heures-là, les Marseillais revenant de la côte devaient être nombreux et la circulation sur l'autoroute n'était certainement pas fluide. Les trois quarts d'heure maximum retenus par le magistrat pour rejoindre Marseille paraissent de ce fait très optimistes !

A partir de là, tout est décalé. Selon le juge Lernould, les Américaines ont été prises en stop entre 18 h 20 et 18 h 35. Si l'on en croit Jessica, cette scène s'est déroulée une heure plus tard, autour de 19 h 20. C'est ce que la jeune fille déclare aux gendarmes quelques heures seulement après les faits. Ce temps gagné arrange bien l'accusation parce qu'il permet de retomber ensuite d'accord avec les déclarations des victimes. Arrivée à la pommeraie entre 20 h 45 et 21 heures, note le juge, entre 20 h 30 et 21 heures, a déclaré Jessica.

Il n'est pas aisé de définir la durée exacte des viols dans la 4 L. Les plaignantes la situent entre la fin du jour et la nuit. De quarante à cinquante minutes, selon le juge, qui estime que, « dans de telles circonstances, la frontière entre le temps réel et le temps psychologique est difficilement discernable ».

Voilà une affaire réglée pour le magistrat instructeur, mais cette journée l'a conduit à procéder à d'autres vérifications. Tangorre, toujours coupable, il était intéressant de savoir pendant combien de temps il avait été absent de chez ses parents au cours de la soirée de ce lundi de Pentecôte.

Une simple addition suffit. Le temps qu'a mis la 4 L pour aller à Marseille et pour en revenir, plus celui de commettre les agressions, on obtient une moyenne de cinq heures. S'il a quitté la rue Sainte-Cécile vers 18 heures, il a pu revenir vers 23 heures.

On reconstitue aussi le trajet que les jeunes filles ont fait à pied pour trouver du secours, un petit délassement au terme de cet après-midi passé en automobile. On le parcourt néanmoins d'un bon pas pour rester dans les temps. On traverse un champ de blé, puis une haie d'arbres à hauteur du mas de la Friande. On longe ensuite un hippodrome, puis on gagne l'autoroute pour atteindre, quatre cents mètres plus loin, la borne 19 d'où les victimes ont appelé les gendarmes. Le tout en trente-cinq minutes, alors que les deux jeunes filles disent qu'elles ont mis une heure le soir du drame pour faire le même chemin. Il est vrai que, pour elles, c'était dans un contexte bien différent.

Le juge regagne son bureau, Me Vidal-Naquet rentre à Marseille, Me Cuttulic-Jaouen rejoint Sommières et Luc Tangorre retourne en prison.

Tout le monde paraît satisfait.

Me Vidal-Naquet déclare à un journal local que des décalages sont apparus dans les témoignages des victimes. Luc Tangorre, au volant d'une vieille 4 L, n'a pas pu couvrir en si peu de temps le trajet qu'elles disent avoir suivi entre Marseille et Nîmes.

19

Le magistrat instructeur pense qu'il peut encore ajouter aux charges qui pèsent sur Tangorre s'il parvient à mettre en doute les déclarations qui témoignent de sa présence à Marseille dans la soirée du 23 mai et dans la nuit qui a suivi.

La plupart de ces témoignages ont été écartés, le juge ne les considérant pas comme suffisamment fiables.

On croirait assister à des matches éliminatoires. Parmi les finalistes, la tante de Luc, Mme Bouit, qui maintient avoir téléphoné chez les Tangorre entre 20 heures et 21 heures et à qui Luc a répondu. Dans son entourage, tout le monde est sûr qu'elle a téléphoné, car c'était son habitude après chaque voyage, mais aucun témoin n'ayant assisté à la conversation, elle est « éliminée ».

Claire-Lise Foiret, sa fille Frédérique et la grand-mère, Mme Eminet, se trouvant en Savoie, reçoivent, ce soir-là, un appel téléphonique de Luc. Elles en témoignent toutes trois. Néanmoins, le juge considère « que si la réalité du coup de téléphone ne peut, semble-t-il, être mise en doute, l'extrême précision de l'heure est moins certaine ».

Et puis, aucun témoin ne peut dire d'où venait le coup de téléphone. Il n'est pas exclu qu'il ait été donné d'une cabine publique.

En définitive, il ne reste que les parents. Mais les parents... pour sauver leur fils...

Voilà la place nette. Plus rien ne prouve que Luc Tangorre se soit trouvé à Marseille le soir de l'agression.

Et, s'il n'était pas à Marseille, c'est qu'il était à la pommeraie.

Mais un grain de sable va gripper la machine judiciaire.

Le témoignage que va apporter Vittorio Dell'Andrea n'est guère différent des précédents : le 23 mai, il a vu la voiture verte en stationnement rue Sainte-Cécile, une première fois à 18 heures et une seconde fois à 21 heures.

M. Dell'Andrea, quarante-cinq ans, est le locataire de Joseph Tangorre. Il habite, au rez-de-chaussée, un studio mitoyen de l'appartement du propriétaire, au n° 89. Il connaît M. Tangorre, bien sûr, mais il ne le fréquente pas. « Chacun chez soi », dit-il. C'est un brave homme, tout le monde le connaît dans le quartier. Il a été sergent-chef à la Légion étrangère pendant dix-sept ans. Ses supérieurs lui reconnaissent de grandes qualités. Marié, il a divorcé il y a cinq ans, mais il a gardé de bonnes relations avec son épouse qui le considère comme un bon père et qui, pour sa part, n'a rien à lui reprocher sur son comportement.

Bon père, il en apporte la preuve lorsque son fils, Luciano, qui vient d'avoir treize ans et va en classe au lycée Stéphane-Mallarmé, lui rend visite. Ils aiment la mer tous les deux. Chaque fois qu'ils le peuvent, ils prennent le bateau du Frioul et passent la journée dans l'île.

C'est ce qu'ils ont fait le lundi de Pentecôte. Ils ont pique-niqué sur les rochers, nagé, bronzé – un peu trop même, car le soir, en rentrant, ils ressentent les brûlures d'un bon coup de soleil. Sur le Vieux-Port, ils avalent un casse-croûte dans un fast-food, puis ils prennent le métro pour revenir rue Sainte-Cécile.

Déjà le matin, vers 9 heures, en quittant son domicile, Vittorio Dell'Andrea a remarqué la 4 L verte de Joseph Tangorre garée de l'autre côté de la rue. A son retour, vers 18 heures, la voiture est encore là.

– Nous avons mangé un sandwich, puis mon fils a joué un moment avec mon ordinateur – il adore ça – et nous sommes repartis. Il était aux environs de 19 heures. Avec le métro il faut à peu près une demi-heure pour rejoindre la cité du parc de la Rose où Luciano habite avec sa mère.

Vittorio a discuté un moment avec son ex-épouse, « une demi-heure à trois quarts d'heure », puis il est rentré chez lui. Il était à peu près 20 h 30. La journée avait été fatigante et Vittorio n'a pas traîné. A 21 heures, il a sorti sa poubelle avec l'intention de se coucher aussitôt après.

– La rue était éclairée, les lampadaires allumés. A peine avais-je ouvert la porte que j'ai vu un homme penché sur la voiture de M. Tangorre stationnée toujours au même endroit. Il se trouvait du côté du chauffeur, à gauche du véhicule. Il essayait d'ouvrir la portière. L'individu m'a regardé, j'ai vu son visage, il était très brun. J'ai remarqué aussi qu'il portait un pantalon blanc. Sur l'instant, je n'ai rien dit, je suis allé déposer ma poubelle à une vingtaine de mètres de là, puis je suis revenu. J'avais l'intention, en rentrant chez moi, d'appeler la police, mais l'homme avait disparu. Comme je l'ai dit, j'étais fatigué. Je n'ai pas regardé la télévision et je me suis couché aussitôt. Il devait être aux alentours de 21 h 30.

Vittorio Dell'Andrea n'avait pas attaché autrement d'importance à ce qu'il avait vu en ce lundi de Pentecôte, jusqu'à ce que, quelques mois plus tard, le 2 novembre, un détective privé vienne frapper à sa porte. Guillaume Vica avait été chargé par M. Joseph Tangorre d'enquêter dans le voisinage pour déterminer la présence de son fils Luc ou de la 4 L verte le 23 mai. Sur une dizaine de personnes interrogées, cinq seulement avaient apporté des informations. La plupart se rapportaient à la journée du 22 et à la matinée du 23. L'attention des voisins avait été attirée par le va-et-vient des voitures de la famille venue de Saint-Etienne et de Lyon pour assister au baptême d'Elodie.

Le lundi 23 mai ? Sur le coup, la date ne dit rien à Vittorio Dell'Andrea, mais l'ancien légionnaire est un homme précis. Il possède un agenda sur lequel il note l'essentiel de ses activités quotidiennes. Il le montre au détective privé et lui explique :

– Vous voyez, à cette date, en face de 8 h 30, j'ai inscrit : « Luciano-sortie ». Le trait sur le milieu de la page signifie sortie le matin et l'après-midi, la barre que j'ai ajoutée veut dire que la journée s'est déroulée comme prévu.

Les agendas, décidément, jouent un rôle important dans cette affaire !

Le juge Lernould convoque l'ancien légionnaire au palais de justice de Nîmes. Celui-ci maintient fermement son témoignage. Il est certain d'avoir vu le véhicule de M. Tangorre stationné rue Sainte-Cécile aux heures qu'il a indiquées. Oui, mais voilà, il n'est pas très sûr de sa montre. Il l'a achetée à un marchand ambulant, et de temps en temps, « elle lui fait des caprices ». Il se souvient qu'il a regardé l'heure instinctivement en revenant de jeter sa poubelle à cause du suspect qu'il venait d'apercevoir près de la 4 L verte.

– Sur le cadran digital, à la place des heures, j'ai vu un 2 d'abord, mais je suis moins sûr du deuxième chiffre. J'ai eu l'impression que c'était un 1.

– Est-ce que le deuxième chiffre aurait pu être un 2 ?

– Ça, je ne peux pas vous le dire.

Vittorio est néanmoins à peu près sûr que le cadran affichait 21 heures car cette heure correspondait à son emploi du temps. Quarante-cinq minutes pour rentrer de chez son ex-femme, un quart d'heure pour faire la vaisselle et porter sa poubelle dans le conteneur collectif.

Le juge essaie de lui faire préciser les horaires : M. Dell'Andrea déclare avoir vu la voiture au retour du Frioul entre 17 et 18 heures. Mais bien qu'il soit sorti à 19 heures pour raccompagner son fils et qu'il soit revenu vers 20 h 45-21 heures, à aucun moment il ne signale avoir vu la voiture ; ce n'est que plus tard, en apercevant un inconnu essayer d'ouvrir une portière, qu'il évoque de nouveau sa présence.

L'ancien légionnaire est certain qu'elle était là. Il est difficile de trouver une place de stationnement à Marseille. Si la 4 L verte avait été bougée, son conducteur aurait eu de la peine à la garer dans la rue à son retour, et surtout à la même place. Elle était là depuis le matin, elle était encore là à 17 heures, toujours là à 21 heures. Il en déduit qu'elle n'a pas été déplacée.

Ce témoignage va provoquer une affaire dans l'affaire. Les gendarmes vont enquêter tous azimuts, à la demande du juge. Ils entendent Luciano, le fils de l'ancien légionnaire. Il confirme le témoignage de son père, la journée au Frioul, les coups de soleil, sauf qu'il ne pense pas qu'il l'ait raccompagné jusque chez sa mère à la cité du parc de la Rose, mais qu'il l'a quitté à la station de métro Castellane pour le laisser rentrer seul. En tout cas, il n'a pas prêté attention à la présence d'une 4 L verte en stationnement devant le domicile de son père.

L'ex-épouse de M. Dell'Andrea est également entendue. L'adjudant Vinals, de la brigade des recherches de Nîmes, l'interroge, le 7 décembre, en compagnie d'un collègue marseillais, comme le veut le code de procédure. Aucun des deux n'est frappé par l'état de santé de cette femme. L'audition est courte. Elle indique qu'elle a gardé de bons rapports avec son « ex », que leur fils Luciano va le voir régulièrement. Elle signale également qu'à l'époque où elle vivait avec lui il avait une bonne mémoire et que, de toute façon, il notait tout ce qu'il avait à faire et tout ce qu'il avait fait.

Elle ne peut pas se souvenir si, le 23 mai, son fils est allé au Frioul avec Vittorio, « mais ils y allaient souvent », précise-t-elle. Depuis peu, Luciano prend seul le métro. Il rejoint ainsi son père chez lui. Il arrive parfois que Vittorio le ramène, tantôt à 18 heures, tantôt à 20 heures, une fois même à 23 heures. Elle ajoute que son ex-mari reste alors un moment : « Une demi-heure lorsqu'il n'a pas bu, une heure et plus lorsqu'il est soûl. » L'enquêteur note. Ce qu'il ne note pas, c'est que la femme qu'il vient d'entendre est en train de mourir. Elle va décéder dix jours plus tard, le 18 décembre, d'une tumeur au cerveau. Ce jour-là, son ex-mari venu lui apporter la pension alimentaire de leur fils en atteste, elle tenait déjà des propos incohérents.

Néanmoins, et jusqu'au procès où le président ira jusqu'à dire au témoin : « Votre femme affirme que vous êtes un ivrogne ! » le dossier fera ressortir « l'intempérance » de Vittorio Dell'Andrea, alors que dans ses antécédents personne, parmi ses anciens chefs, ne le signalera.

On lui reproche aussi une inscription dans son agenda quelques jours après sa sortie avec Luciano au Frioul : « Stop bib » (« bib » pour biberonner). L'ancien légionnaire s'explique :

– Je buvais trois à quatre canettes de bière par jour. Je devais entrer en stage en juin. Cette inscription était un rappel pour que je cesse tout à fait de boire.

Il pense qu'on a profité de l'état d'incohérence dans lequel la maladie plongeait sa femme pour lui faire déclarer qu'il était un ivrogne.

Au président, qui lui répétera cette accusation au cours du procès, il répondra sans se fâcher, paisiblement :

– Je suis un bon vivant.

Et le plus terrible, c'est qu'en dehors de cette malheureuse en train de mourir d'une tumeur au cerveau, personne n'a jamais accusé Vittorio Dell'Andrea de s'adonner à la boisson, même pour maintenir les traditions de la Légion.

Quant au témoignage de son fils, le témoin précisera, après le procès, dans une lettre au procureur :

« Vous m'avez attaqué sur une contradiction entre moi (quarante-cinq ans) et mon fils (treize ans). Dans sa déclaration, on peut lire au début qu'il ne se souvenait pas du 23 mai 1988... C'est l'enquêteur qui, petit à petit, lui posait des questions et, vu son manque de mémoire, lui suggérait les réponses. Exemple : "Peut-être votre père s'est trompé de jour...", etc. Or, il n'y a qu'un lundi de Pentecôte par an et je suis formel sur la journée du 23 mai. J'ai des photos prises au Frioul, l'une porte la date du 23 mai, l'autre celle du 4 juin. J'en déduis qu'on lui a fait signer n'importe quoi. »

Tout au long de l'instruction, et jusqu'après le procès, Vittorio Dell'Andrea reste un « témoin suspect ». Le qualifiant d'ivrogne, on essaie de démontrer que son « acharnement » à témoigner de la présence à Marseille de la 4 L verte de Tangorre, alors que le dossier a besoin, si l'on veut maintenir l'accusation, qu'elle soit à ce moment-là sur le lieu des viols, dans le champ de pommiers nîmois, a une raison plus profonde.

Ce témoignage n'est pas innocent, l'ancien légionnaire pourrait avoir un compte à régler avec la justice. Et l'on trouve : il y a plus de vingt ans, dans son pays, en Vénétie, il a été impliqué, à tort, dans une affaire de vol qualifié. Un témoin l'avait reconnu sur les photos. Condamné à quatre ans et demi de prison, il a été acquitté « en un quart d'heure », dit-il, par la cour d'appel de Venise car le témoin qui l'accusait s'était trompé.

C'est à la suite de cette affaire qu'il s'est engagé dans la Légion où il a servi pendant dix-sept ans, laissant à ses chefs le souvenir d'« un bon militaire, robuste, sportif, intelligent, sérieux, compétent, d'une tenue irréprochable ». Seul bémol dans ce concert de louanges, Vittorio a un tempérament « bouillant », susceptible de lui attirer des ennuis en dehors du service. Seule, cette dernière caractéristique sera citée en cour d'assises, par la partie civile, il est vrai, mais sans que la cour la rappelle à un minimum d'objectivité vis-à-vis d'un homme qui, en témoignant, accomplit son devoir de citoyen.

Les gendarmes courent la rue Sainte-Cécile, interrogent trente-quatre personnes qui habitent entre le 75 et le 105. Cinq d'entre elles seulement se souviennent du week-end de la Pentecôte. Quatre uniquement du mouvement créé par le baptême. Un seul, Vittorio Dell'Andrea, se rappelle la voiture en stationnement parce qu'elle était garée en face de chez lui et qu'il n'y en a pas deux, dans la rue, qui ait la même couleur. Ce vert pomme, on ne l'oublie pas !

Eh bien, il se trompe, Vittorio ! Tout en bas de la rue, au n° 26, les enquêteurs trouvent une 4 L verte semblable à celle de Tangorre. Elle appartient à Mme Gloria Calvet, qui habite au 34. On l'interroge : jamais elle ne se range aussi haut dans la rue.

Il ne peut donc y avoir confusion. On entend le chef de l'éclairage public de Marseille, Jean-Louis Le Floch. Il explique que cet éclairage a été mis en fonction le 23 mai, à 21 h 08, et qu'aucune anomalie d'allumage n'a été signalée.

Il reste encore à vérifier le trajet parcouru par Vittorio Dell'Andrea et par Luciano. On le reconstitue : rue du Berceau, boulevard Baille, place Castellane, le métro, onze stations jusqu'à Frais-Vallon, l'avenue Jean-Paul-Sartre et enfin la cité du parc de la Rose : trente-six minutes à l'aller, quarante au retour. C'est dans les temps indiqués par le témoin.

Après le procès, le 29 avril 1992, Vittorio Dell'Andrea adresse au procureur général Cazenave une lettre dans laquelle il déballe franchement ce qu'il a sur le cœur. La manière dont on a interrogé son ex-femme à dix jours de sa mort, et son fils, âgé de treize ans. Il s'insurge contre la mise en cause de son témoignage même après qu'il a juré, devant la cour d'assises, sur le drapeau de la Légion, qu'il disait la vérité.

« J'ai fait mon devoir de citoyen intègre et intransigeant, écrit-il en conclusion. L'enseignement que j'en tire est amer comme la bile et, ce qui est pire, c'est que je ne suis plus certain que la police et ses supérieurs accomplissent un travail irréprochable. »

Que penser de cette longue histoire ? Que le témoignage de M. Dell'Andrea peut être suspecté parce qu'il émane d'un voisin de la famille Tangorre ? Mais qui d'autre que quelqu'un habitant la rue Sainte-Cécile aurait pu témoigner de la présence d'une voiture garée dans cette rue ? Peut-on imaginer, comme les gendarmes, que M. Dell'Andrea se soit trompé de jour ? Il n'est pas possible de soutenir cette hypothèse. La sortie du Frioul s'est bien déroulée le 23 mai, le lundi de Pentecôte. Le fils, l'ex-femme du témoin le confirment. D'ailleurs, M. Dell'Andrea l'a noté dans son agenda et aussi sur une photo prise ce jour-là au Frioul.

Une seule divergence dans ce témoignage : le fils de M. Dell'Andrea pense que son père ne l'a raccompagné que jusqu'au métro Castellane et l'a laissé continuer tout seul.

– Ce sont les enquêteurs qui lui ont suggéré cette réponse car Luciano, en vérité, ne se souvenait de rien, accuse M. Dell'Andrea.

Beaucoup de bruit pour rien. Qu'il soit rentré plus tôt ou plus tard, cela ne change pas grand-chose. Il aurait fallu, pour rester dans les temps de la reconstitution du trajet supposé de Tangorre entre Nîmes et Marseille, qu'il ne revoie pas la 4 L verte avant 23 heures.

A ce moment-là, il dormait depuis longtemps.

Alors, ment-il délibérément pour sauver le fils de son propriétaire ? Personne ne le lui reproche. On préférera laisser courir la rumeur : c'est un ivrogne à qui on ne peut pas se fier et qui, en plus, se disant victime d'une erreur judiciaire, en veut depuis à la justice.

A deux reprises, le témoin, qui est un homme simple

et direct, a dû intervenir au cours de ses auditions par les gendarmes.

– Est-ce qu'on me croit de bonne foi, ou de mauvaise foi ? Moi, c'est la bonne foi ! J'aurais pu dire que je n'avais rien vu, comme les autres. Au lieu de cela, j'ai voulu faire mon devoir de citoyen en témoignant !

Il aurait dû se souvenir de ce paysan calabrais qui, confronté à des juges, avait lui aussi protesté de sa bonne foi en déclarant, une main sur le cœur :

– La preuve que je suis un honnête homme ? Je n'ai même jamais été témoin une seule fois dans ma vie !

20

Le 14 février, quatre jours avant la deuxième reconstitution du trajet de la 4 L verte le 23 mai entre Marseille et Nîmes, Me Vidal-Naquet adresse au juge Lernould une longue lettre dans laquelle il demande la mise en liberté provisoire de Luc Tangorre, suivie d'un non-lieu : « Ce dossier est vide de toute charge réelle. »

Il rappelle que, dans la première affaire, Luc Tangorre avait nié du début de l'instruction jusqu'au procès, estimant être victime, non seulement d'une erreur judiciaire, mais surtout d'une ressemblance plus que fâcheuse avec le véritable auteur des viols.

« Lorsque Luc Tangorre est sorti de la prison de Muret, le 15 février 1988, écrit Me Vidal-Naquet, tous les médias s'en sont emparés et ont ainsi donné à cette sortie une publicité considérable.

Il ne faut pas oublier que les jeunes filles ont reconnu le livre *Coupable à tout prix* sur lequel figurait la photo de Tangorre.

Il est certain qu'ayant observé cette photographie lors de leur présence dans la voiture, elles ont pu facilement reconnaître Luc Tangorre ensuite, lors de leur confrontation, et pourtant pas un instant elles n'ont pensé à assimiler l'auteur des viols au personnage figurant sur la couverture qu'elles ont décrite avec tant de précision.

Lorsque les faits se sont produits le 23 mai 1988, les deux jeunes filles ont donné une telle description que l'on est en droit de se poser la question : pourquoi Luc Tangorre n'aurait-il pas offert en prime un autographe ou sa carte de visite ?

Ne peut-on imaginer dès lors que quelqu'un qui connaissait Luc Tangorre, qui savait que ce dernier avait engagé une demande de révision pour son premier procès, et que, si cette demande aboutissait, elle inciterait à retrouver le vrai coupable, aurait monté ce scénario dans le but de ruiner à jamais la vie de Luc Tangorre ?

Dès lors, tout s'expliquerait : les livres se trouvaient réellement dans la voiture, le chauffeur aurait pu mettre des vêtements identiques à ceux de Luc Tangorre. N'oubliez pas que tout le monde a pu le voir dans cette tenue le 22 et le 23 mai au matin. Bref, dans la mesure où l'on part du principe que les jeunes filles ont été agressées sexuellement, rien ne permet d'accréditer leur thèse plus que celle que je viens d'émettre.

Cela est d'autant plus vrai que plusieurs éléments viennent à la décharge de Luc Tangorre :

« 1. Les analyses qui n'ont rien démontré, Tangorre les avait demandées depuis le premier jour de son arrestation. L'aurait-il fait s'il avait été coupable ?

2. Le matin du 23, Mme Dufraisse et la tante de Luc, Mme Piazza, ont donné chacune cinquante francs à Tangorre pour qu'il prenne de l'essence alors qu'il leur faisait visiter Marseille. Tangorre s'est arrêté à une station-service et sous leurs yeux a mis cent francs d'essence, soit environ vingt litres, dans le réservoir. Pour-

quoi aurait-il fait le plein d'essence du côté de Berre alors qu'il n'avait parcouru qu'une cinquantaine de kilomètres ? Aucun des pompistes interrogés ne s'est souvenu de la voiture verte.

3. Comment expliquer raisonnablement qu'un lundi de Pentecôte l'on puisse, en trois heures, de 19 heures à 22 heures environ, faire avec une 4 L vieille de onze ans le parcours Marseille-Arles-Avignon-Nîmes, violer pendant à peu près une heure les deux jeunes filles ? » (Me Vidal-Naquet ne sait pas encore que le juge d'instruction vient de décider de supprimer Arles du trajet.)

Le défenseur de Luc Tangorre en appelle au témoignage de M. Dell'Andrea qui a déclaré, sans revenir sur ses dépositions, qu'à 21 heures, le 23 mai, la voiture verte était stationnée rue Sainte-Cécile, devant le domicile des Tangorre.

« 4. Les témoignages des parents de l'inculpé et de sa tante, Mme Bouit, qui affirment qu'il était à Marseille dans la soirée du 23 mai et ceux de Claire-Lise Foiret, de sa fille, de sa mère qui déclarent, sans qu'on puisse mettre en doute leurs déclarations, que Luc Tangorre les a appelées aux alentours de 21 heures ce soir-là, dans le temps où le violeur agressait les jeunes filles à Nîmes. »

Me Vidal-Naquet poursuit :

« Je note au passage que l'on peut se demander pourquoi des pièces à conviction essentielles ont été jetées, et notamment les culottes que portaient les jeunes filles. Je note également que toutes les mesures d'expertise, et Dieu sait si elles étaient nombreuses (cheveux, poils, sperme, etc.), se sont révélées négatives.

« Il ne faut pas que la condamnation dont a fait l'objet Luc Tangorre par la cour d'assises des Bouches-du-Rhône, pour des faits qu'il a toujours niés, serve de support à des inculpations pour un double viol commis manifestement par une personne qui le connaissait, sinon personnellement, en tout cas médiatiquement.

« Vous ne pouvez pas, monsieur le juge, éliminer systématiquement tous les éléments que contiennent les témoignages des membres de la famille Foiret ou de M. Dell'Andrea pour tenir compte uniquement des seules déclarations des victimes, dont je veux bien ne pas suspecter la bonne foi, mais dont cette bonne foi a peut-être été surprise par celui qui avait intérêt à se faire passer pour Luc Tangorre. »

Il est vrai que ce dossier pose bien des questions. Questions que suscitent le comportement des victimes, leurs contradictions : au moment des viols, l'une voit l'agresseur dénudé, l'autre habillé (seul le sexe sortait de son pantalon, dit Marilyn). Elles se plaignent d'avoir reçu des coups violents – gifles, coups de pied, cheveux tirés – mais n'en portent aucune trace.

Questions que suscitent aussi les constatations d'experts. Les Drs Sylvie Neveu et Karina Grar, qui ont été les premières à examiner les victimes après les faits, le 23 mai, constatent, chez Marilyn, « la présence d'un enduit graisseux, de l'huile, semble-t-il ». Pour Jessica, elles signalent seulement : « Cet homme aurait utilisé de l'huile. » Elles ne le constatent pas, elles l'ont simplement appris par les victimes.

Après l'identification de Tangorre, le 18 août, les déclarations se précisent, sans que les deux médecins aient eu à leur disposition d'autres informations. Appelées à témoigner sur la disparition, dans leur service, et sans qu'on sache comment, des sous-vêtements des victimes, elles déclarent :

Sylvie Neveu :

– Ces sous-vêtements (...) étaient empreints d'huile brunâtre.

Et Karina Grar :

– Ces sous-vêtements étaient en quasi-totalité empreints d'huile brunâtre.

Pourquoi ne l'ont-elles pas signalé dès les premières constatations, avant que ces sous-vêtements ne disparaissent ?

Questions encore que pose le témoignage de Jessica sur les livres que Marilyn et elle ont observés dans la voiture pendant les viols.

Au mois de juillet, lorsque les gendarmes de Nîmes ont entendu Jessica à La Ciotat, où elle séjournait quelques jours chez des amis, la jeune fille a fait le schéma de l'un de ces livres, le titre, la photo.

Me Paul Lombard a eu la curiosité de mesurer cette photo que Jessica avait dessinée de mémoire. Elle fait quatre centimètres deux de côté. La vraie photo, celle qui est sur le livre, a exactement la même dimension : quatre centimètres deux de côté.

Hasard, coïncidence ?... On se rappelle alors une phrase de Marilyn lors du premier interrogatoire. Décrivant le livre aux gendarmes, elle déclare :

– La couverture était blanche et l'écriture verte. Il y avait la tête d'un homme. Le conducteur a caché les livres avec une couverture écossaise orange et noir, pour des raisons que je vous expliquerai par la suite.

Interrogée plus tard sur ce qu'elle voulait expliquer à propos de ces livres, elle se montre étonnée, et répond qu'elle ne se souvient pas. Que voulait-elle expliquer ? Tangorre avance une hypothèse :

– Peut-être quelqu'un leur avait-il déjà montré ce livre. Elles l'avaient vu !

Toujours à propos des livres, Me Paul Lombard a relevé une autre coïncidence qui lui paraît étrange.

– Le livre de Gisèle Tichané devait paraître dans un premier temps aux Editions de Minuit sous l'égide de Jérôme Lindon. La maquette était déjà faite. Et puis, contretemps. A la dernière minute les Editions de la Découverte reprennent l'édition. Mais le seul éditeur que cite Jessica aux gendarmes, la seule maison d'édition que lui rappelle ce livre, par son aspect, par sa mise en pages, c'est les Editions de Minuit.

21

Au moment où il pense que le dossier ne permet plus qu'on le garde en prison, Luc Tangorre a le sentiment que l'instruction se durcit.

Sur l'un des cinq sacs en plastique utilisés pour transporter le linge sale, découverts le 20 décembre dans la deuxième fouille de la voiture, on a retrouvé des traces de sperme. Nouvelle expertise. A quoi bon, puisque la seule recherche intéressante serait de pouvoir comparer ce sperme à celui retrouvé dans les prélèvements effectués sur les deux Américaines ? Or, on le sait, les procédés d'analyse utilisés au laboratoire de l'hôpital Caremeau interdisent toute nouvelle recherche.

Alors, que peut prouver le juge puisque à aucun moment, les victimes ne font état de ces sacs en plastique dans la 4 L des viols ? Que Luc Tangorre a fait l'amour dans cette voiture ? Mais il l'a déjà dit. Des journalistes l'ont écrit. Le juge ne le savait pas.

Les nouvelles expertises n'auront pour effet que de retarder la mise en liberté du détenu. Cette attitude lui apporte la confirmation d'une machination, dit-il.

Jour après jour, dans sa cellule, il note ce qui, dans

le dossier, lui paraît incohérent, inexplicable. La manière sélective dont fonctionne, par exemple, la mémoire des victimes. Elles ne se souviennent pas si leur agresseur était nu ou habillé lorsqu'il les a violées, mais elles détaillent le livre et relèvent dans la voiture une foule d'éléments. Elles expliquent ce « sens » de la précision par le fait que la mère de Jessica est photographe professionnelle et que Jessica elle-même a fait beaucoup de photographies.

En comparant les éléments rapportés par les deux jeunes filles avec ceux qui pouvaient être observés dans sa propre voiture, s'il était l'agresseur, Tangorre étaye encore sa conviction d'une machination. Il relève vingt et un éléments susceptibles d'être constatés dans la 4 L verte, si les faits se sont réellement déroulés.

1) Le numéro d'immatriculation ; 2) la chevalière ; 3) les initiales sur cette chevalière ; 4) le titre du livre ; 5) le polo Lacoste jaune ; 6) le jean blanc ; 7) les chaussures gris et noir Nike ; 8) les chaussettes blanches ; 9) la montre ; 10) les lunettes ; 11) l'attaché-case ; 12) les livres *Coupable à tout prix* ; 13) la pochette portefeuille ; 14) la couverture écossaise ; 15) les bidons d'huile ; 16) la poignée de la porte arrière droite cassée ; 17) le siège avant en similicuir marron ; 19) les vignettes ; 19) la jauge d'essence ; 20) le slip ; 21) la banquette arrière non arrimée.

Il constate que ces éléments sont visibles de la rue. Il n'y a qu'à jeter un coup d'œil à l'intérieur de la voiture, ou à guetter Luc Tangorre qu'on sait où trouver. En revanche, cette observation de l'extérieur ne suffirait pas pour découvrir que la banquette arrière n'est pas fixée, ni pour déterminer la couleur de son slip. Enfin, le seul élément fonctionnel du véhicule décrit est la jauge d'essence et cette description se révèle inexacte.

Tout ce que les jeunes filles ont noté peut avoir été observé sans qu'elles soient entrées dans la voiture et, quand il aurait fallu entrer, elles font des erreurs. Ainsi la banquette.

Depuis qu'il a pris connaissance des déclarations des plaignantes, Luc Tangorre souligne une « impossibilité » : la banquette arrière n'est pas fixée car elle a été achetée d'occasion par les Tangorre et posée en remplacement de la banquette d'origine qui était crevée. Ce n'est qu'en essayant de la fixer que Luc Tangorre s'est aperçu que ses crochets de fixation ne correspondaient pas avec ceux de la voiture. La banquette était donc instable. Tous ceux qui étaient montés à l'arrière en avaient fait l'expérience. Au moindre virage, il fallait se tenir pour ne pas tomber.

Le père de Luc avait essayé de faire constater aux gendarmes et au juge cette anomalie qui était en contradiction avec les déclarations des deux Américaines. Ce n'est que le jour du procès que le président Maleval posa la question à deux témoins, Mmes Dufraisse et Piazza qui, le 23 mai, avaient pris place sur cette banquette pour visiter Marseille. Toutes deux se souviennent qu'elle bougeait, « ce qui provoquait nos rires dans les tournants », raconte l'une d'elles.

– Pourquoi ne l'avez-vous jamais dit ? interroge le président.

– Lorsque j'ai été interrogée par les gendarmes, répond Mme Dufraisse, ils ne me l'ont pas demandé. Sinon, j'aurais dit ce que je vous dis aujourd'hui.

Luc Tangorre fait la même constatation à propos d'un arrêt, le 23 mai, dans une station-service de Berre pour prendre de l'essence.

Dès qu'il a eu connaissance du dossier, il écrit au juge le 24 décembre pour lui signaler « cette contradiction majeure ». Il avait fait, le matin même de ce 23 mai, le plein d'essence en présence d'une bonne dizaine de témoins : la famille venue assister au baptême et qui, répartie dans trois véhicules, visitait Marseille, guidée par Luc Tangorre. Il ne pouvait pas avoir repris de l'essence l'après-midi alors qu'il avait roulé au plus une quarantaine de kilomètres. L'inculpé demandait au juge de vérifier auprès de ceux qui étaient présents le matin : onze personnes se trouvaient là lorsqu'il avait fait le plein. Le 4 janvier, il écrit une deuxième lettre.

Le 10 janvier, une troisième.

Le 24 janvier, à la demande de Luc Tangorre, l'un des témoins, Mme Dufraisse, écrit au juge pour confirmer : Luc s'est bien arrêté pour faire le plein ce matin-là, c'est elle et Mme Piazza qui lui ont donné cent francs pour payer l'essence.

Le 30 janvier, Gisèle Tichané, ancienne propriétaire de la 4 L verte, précise :

– Quand je faisais le plein, c'étaient vingt litres !

Le 1er février, Tangorre revient à la charge :

– Je ne comprends pas la nouvelle résistance de l'instruction à faire établir cette preuve capitale de mon innocence.

Le 20 février, le juge fait entendre trois témoins qui, le 23 mai au matin, avaient pris place dans la 4 L de Tangorre. Mmes Dufraisse et Piazza confirment : on a bien fait le plein avant de visiter les Calanques. Le troisième témoin, Pierre, ne pourra pas répondre aux questions des gendarmes. Cet enfant de dix ans est sourd-muet.

Huit autres personnes se trouvant dans les deux véhicules qui ont attendu pendant que Luc faisait le plein pourraient apporter le même témoignage. Le juge, se considérant sans doute suffisamment informé, ne les fera pas entendre.

22

Après la deuxième reconstitution, l'instruction va rapidement se terminer.

Le 17 avril 1989, les gendarmes de la brigade des recherches remettent au juge Lernould le procès-verbal de synthèse qui résume leur enquête : trente-six auditions, des reconstitutions, des perquisitions, de nombreux déplacements dont un voyage aux Etats-Unis : rarement une enquête aura autant mobilisé une brigade de gendarmerie.

Le juge va préparer maintenant une ordonnance de transmission qui accompagnera le dossier à la chambre d'accusation de la cour d'appel. Celle-ci décidera de son renvoi en cour d'assises. Le procès pourrait être appelé à la session d'automne.

Pour l'instant, l'affaire semble être tombée dans l'oubli ! Tangorre pense que tout est fini pour lui. Sa vérité ne sera pas reconnue. L'accusation a gagné. Les plaignantes, les gendarmes, les juges, ils ont tous gagné. Il reste seul dans sa cellule avec les documents qu'il a soigneusement préparés jusque dans les moindres détails. Il a cru qu'ils apporteraient la preuve de son innocence. Il est parvenu néanmoins, grâce à son inébranlable certitude, à semer le doute au point qu'on lui a inventé une double personnalité. Un Dr Jekyll qui ne garde aucun souvenir des crimes de Mr Hyde. Il est donc de bonne foi lorsque, Dr Jekyll, il clame son innocence et ses adversaires sont d'une égale bonne foi lorsqu'ils accusent le Mr Hyde qui se cache en lui d'avoir violé deux filles.

Aux yeux de la justice, la culpabilité de Tangorre, ou son innocence, ne repose pas sur des faits mais sur une évaluation fictive de sa personnalité. On le partage arbitrairement en deux êtres distincts pour se donner bonne conscience le jour où on le condamnera d'une seule pièce ! Cette idée lui est insupportable. Il en a parlé cent fois avec ses avocats au début de l'affaire. C'était facile alors de plaider un dédoublement de la personnalité. Il s'y est violemment opposé. Ou innocent, ou coupable, et tant pis si, en le condamnant, on frappe un innocent.

Dans le silence revenu, la télévision, la radio, la presse ne s'intéressant provisoirement plus à lui, Luc Tangorre traverse une période dépressive.

C'est le moment où Florence, sa fiancée, perd pied. Peut-être a-t-elle senti qu'elle ne retrouverait pas Luc avant de nombreuses années. A vingt ans, la vie l'emporte. La jeune femme espace ses lettres, puis elle n'écrit plus. Luc dit qu'il la comprend, mais au fond de lui-même pense que ce « lâchage » est un manque de confiance. Elle ne croit plus en lui. Il ne reste plus que le dernier carré des fidèles autour de Joseph et de Marie, ses merveilleux parents : Marie Laffranque, membre actif, dès 1985, de l'antenne toulousaine du comité de soutien, Claire-Lise Foiret, Gisèle Tichané qui, dans une longue lettre à Pierre Vidal-Naquet, très en retrait depuis la deuxième affaire, s'inquiète pour le détenu qu'elle a trouvé déprimé, abattu. Elle craint un suicide.

– J'y ai pensé, reconnaît Tangorre. J'étais coincé, je sentais que je m'enlisais doucement dans des sables mouvants. Il fallait que j'en sorte...

Le 12 juin, il passe brusquement de la fiction à la réalité. Il s'évade. En douceur, serait-on tenté de dire, en escaladant le grillage du terrain de sport, puis en profitant du passage à la porte principale d'un fourgon de police pour se précipiter dehors. Le fourgon, les gardiens se lancent à sa poursuite et le rattrapent de l'autre côté de la rue, dans le garage d'une maison du mas de Poulac où il avait cherché refuge.

Il n'aura connu que dix minutes de liberté et il va les payer cher. Trois semaines de cachot après une raclée mémorable.

– Ils m'ont attaché et ils se sont mis à cinq pour me frapper. J'avais la mâchoire démise, je ne pouvais plus manger. Je n'ai pu m'alimenter que grâce au dévouement d'une religieuse, sœur Lucie Larousse, qui passait tous les jours les légumes de mon repas à la Moulinette.

L'enquête de la police ne parvient pas à établir si Tangorre a bénéficié d'une complicité extérieure. La découverte de vêtements cachés dans une poubelle semble en apporter la preuve. Les policiers pensent que l'intervention du fourgon, au moment où Tangorre s'évadait, a bouleversé les plans de ses complices et que, si une voiture l'attendait, le chauffeur a préféré prendre le large pendant qu'il était encore temps. Tangorre proteste :

– Pour rien au monde je n'ai voulu prendre la fuite, explique-t-il. Je désirais simplement attirer l'attention. C'était un appel au secours !

François Vidal-Naquet aura beau expliquer à la presse que ce geste est dans « la logique d'un innocent », les journalistes penseront plutôt qu'il est au contraire dans la logique d'un coupable sachant déjà qu'il va être condamné.

Domynique Azema qui, depuis le début, a suivi cette affaire pour *Le Midi libre* écrit :

« En tentant hier de faire la belle, n'a-t-il pas brûlé une des dernières cartouches de sa défense ? Cette attitude désespérée n'est-elle pas en elle-même un aveu ? »

Assurément. En dépit des raisons psychologiques invoquées par Tangorre, cette évasion sera mal perçue par l'opinion.

Joseph Tangorre, si attentif, si dévoué, ne pourra que reconnaître, la mort dans l'âme :

– Mon fils a fait une grosse bêtise.

Désormais, le dossier va continuer à avancer, mais dans le secret de la cour d'appel de Nîmes.

Deux nouveaux avocats viennent renforcer la défense de Luc Tangorre : Martine Figueroa, du barreau de Montpellier, et un ténor parisien, Jean-Louis Pelletier.

– Il m'avait écrit une lettre émouvante pour me demander de participer à sa défense, se souvient celui-ci. Mon premier mouvement avait été de refuser, mais cette lettre révélait un homme traqué, désespéré. Au bout de quelques jours, je lui répondis : « A la première occasion j'irai vous voir à Nîmes. » C'est ce que j'ai fait. Je suis tombé sur un homme sympathique qui n'avait pas l'air de me raconter d'histoires. « Ma situation est quasiment désespérée, me dit-il, tout est contre moi ! »

Le second renfort, Martine Figueroa, une jeune femme intelligente et dynamique, gardera le contact avec Tangorre à la centrale de Nîmes, puis à Villeneuve-les-Maguelonne où il sera rapidement transféré après sa tentative d'évasion. Que ce soit dans l'une ou dans l'autre de ces prisons, les gardiens ne lui ont pas pardonné cette incartade et s'ingénient à lui rendre la vie difficile.

Me Figueroa va très vite établir des rapports cordiaux avec le détenu. Il connaît son dossier par cœur, il a ses idées, ses exigences mais, observe la jeune femme, il garde toujours un bon contact avec la réalité.

En dehors du dossier, il n'est que gentillesse. Il ne sait comment manifester sa reconnaissance. Il sait que Martine Figueroa est très attachée à sa fille Anne qui vient d'avoir six ans. Il ne manque pas un anniversaire, pas une fête : il offre à l'enfant des paysages ou des fleurs qu'il a composés sur son ordinateur.

– On le sentait cependant à bout, enfermé dans son histoire, désabusé, mais pourtant toujours résolu à se battre.

Le 4 mars 1990, la cour de cassation casse l'arrêt de renvoi de la cour de Nîmes. Piégé par le lundi de la Toussaint considéré comme un jour férié, le juge Lernould n'a pas convoqué dans les délais les défenseurs de Tangorre à la reconstitution du 4 novembre 1988. Cette décision annule une partie de la procédure d'instruction.

Les avocats rencontrent le procureur général de Montpellier et lui font part des anomalies qu'ils ont constatées dans le dossier. Le haut magistrat les rassure. Une nouvelle reconstitution sera effectuée pour préciser les détails horaires et les plaignantes pourront être interrogées.

La Pentecôte de 1990 prend vraisemblablement les magistrats de vitesse car la reconstitution attendue n'a pas lieu. Le 27 juin, la chambre d'accusation demande un supplément d'enquête mais, par contre, rétablit la légalité des convocations et la procédure annulée.

Nouvel épisode en septembre et en octobre. Le pourvoi de Luc Tangorre est déclaré irrecevable dans l'attente de l'expertise d'horaires. De leur côté, les plaignantes sont déboutées de leur pourvoi.

Le 17 janvier 1991, une nouvelle demande de mise en liberté est rejetée. Luc renonce à se pourvoir en cassation pour ne pas retarder, une fois encore, la reconstitution prévue pour le prochain lundi de Pentecôte : le 20 mai 1991.

Un juge a été délégué pour ce transport de justice. C'est une jeune femme, Mme Claudine Laporte, que deux des défenseurs de Tangorre, Jean-Louis Pelletier et Paul Lombard, connaissent déjà pour l'avoir rencontrée dans d'autres affaires. L'inculpé fonde ses derniers espoirs sur cette reconstitution qui, dit-il, comme les deux premières, démontrerait que ses accusatrices ne disent pas la vérité.

La radio, la télévision, les journaux ont déjà souligné l'importance de ce transport de justice et présagent qu'on ira enfin au fond des choses pour dissiper les ombres du dossier. Certains prétendent même que la troisième reconstitution du parcours ne peut qu'être favorable à Tangorre et que celui-ci retrouvera rapidement la liberté.

C'est aller un peu vite.

Au matin du lundi de Pentecôte, le juge réunit tout le monde : les avocats de la défense, ceux de la partie civile et les gendarmes chargés de l'enquête, dans la cour de la gendarmerie, sur l'avenue de Toulon. Tangorre attend le signal du départ un peu plus loin, dans un fourgon cellulaire. Une fois encore, pour refaire le parcours, on n'utilisera pas, comme il le demande, sa voiture, mais une 4 L de la gendarmerie dont le compteur marque plus de cent quatre mille kilomètres.

Dans la rue, devant la porte, les journalistes attendent eux aussi le signal du départ. Ils en profitent pour enregistrer de courtes déclarations des avocats au fur et à mesure de leur arrivée. François Vidal-Naquet, Paul Lombard, Martine Figueroa, Jean-Louis Pelletier, les parties civiles Pascale Cuttulic-Jaouen et Charly Bensard disent à tour de rôle quelques mots avant de pénétrer dans la cour.

Jean-Louis Pelletier s'avance vers le juge d'instruction pour la saluer, il lui dit qu'il vient de la remercier à la radio d'organiser ce transport déterminant aux yeux de la défense. Sans se départir de son sourire, Claudine Laporte lui répond :

– Je ne sais pas si vous me remercierez encore lorsque vous apprendrez les opérations auxquelles nous nous sommes livrés avant cette nouvelle reconstitution.

Elle explique alors aux avocats sidérés que le jeudi et le vendredi précédents elle a procédé à un aménagement du parcours en compagnie de la seule Jessica, Marilyn se trouvant aux Etats-Unis.

On apprend aussi qu'il a été difficile de faire venir Jessica et qu'il a fallu insister car elle se trouvait aux îles Caïmans en voyage de noces.

Le juge a pris la jeune femme en main et, en deux jours, gommant tout ce qui était gênant dans les déclarations des plaignantes, elle a mis au point un parcours idéal : inattaquable.

Cela n'a pas été sans mal, si l'on s'en tient au témoignage du gendarme Mollé qui conduisait la 4 L.

– Nous avons pris l'itinéraire du juge : boulevard Françoise-Duparc-boulevard des Plombières, la voie rapide. Nous avons raté la sortie de Berre-Rognac. Nous avions deux chronomètres, celui de Mme Laporte a été arrêté. Nous sommes sortis plus loin, puis revenus en arrière... Nous avons pris alors la nationale 113 Salon-Avignon-Nîmes.

Le trajet est effectué en deux heures deux minutes, selon le gendarme Mollé. Les routes empruntées ont été choisies auparavant car les parcours indiqués par les plaignantes étaient plus « biscornus » les uns que les autres. Jessica signalait les panneaux rencontrés et le juge choisissait.

On peut en déduire, ce que fait Me Pelletier, que cette répétition générale conçue et imaginée par le magistrat a, pour tomber juste, « éliminé toutes les difficultés » soulevées par les déclarations des jeunes filles.

Si l'on veut démontrer la culpabilité de Tangorre, il faut à tout prix faire « cadrer » ce parcours, le rendre possible, sinon le reste de l'accusation s'effondre, il n'y a plus d'affaire.

C'est ce que font remarquer les avocats au juge en lui reprochant d'avoir « préparé » le trajet à l'avance et de refuser ainsi toute chance à l'inculpé.

Un dialogue surréaliste s'instaure dans la cour de la gendarmerie.

– Les droits de la défense seront respectés, assure Mme Laporte. Nous allons faire passer M. Tangorre par le même chemin, il pourra nous dire ce qui correspond, ou ne correspond pas...

Que pourrait-il dire puisqu'il a toujours nié avoir conduit les deux jeunes filles de Marseille à Nîmes ?

Les avocats déposent des conclusions pour protester contre le procédé employé par le juge.

– Nous nous refusons à participer à cette mascarade, disent-ils à Mme Laporte.

Des hurlements montent alors du fourgon cellulaire. C'est Luc Tangorre qui vient d'apprendre ce qui s'est passé. Il est fou furieux. Il donne des coups de poing, des coups de pied contre les parois du véhicule. Il crie :

– Une fois encore on m'assassine !

Les avocats de la défense lui parlent un instant, puis,

l'ayant calmé, quittent la cour de la gendarmerie. Seule la partie civile demeure. Me Cuttulic-Jaouen saute sur l'occasion pour donner son point de vue aux journalistes :

– Tangorre, l'imposteur, vient de recevoir le coup de grâce... Le dossier est accablant... les charges multiples... C'est bien lui qui a commis ces viols...

On pourra dire que le « montage » de cette troisième reconstitution est inélégant, mais il est légal.

Que penser ? Que les magistrats ont voulu sortir de l'imbroglio dans lequel les déclarations incertaines des plaignantes plongeaient le dossier ? Que, vraisemblablement convaincu de la culpabilité de Tangorre, on a donné, à la balance de la justice, le coup de pouce nécessaire pour qu'elle penche en faveur des deux Américaines ? Désormais, on peut aller sans crainte aux assises : le parcours « inspiré » par Mme Laporte sera l'un des points forts de l'accusation, elle l'exploitera tout au long du procès. On pourra tout de même regretter qu'en ce lundi de Pentecôte cette reconstitution si minutieusement préparée n'ait pas servi à obtenir une meilleure approche de la vérité en dissipant quelques-unes des ombres du dossier.

23

Après la reconstitution du 20 mai, la cour veut en finir rapidement et renvoyer le dossier devant les assises. Le 6 juin, elle repousse la demande de mise en liberté déposée par les défenseurs de Tangorre, en prison préventive depuis trente-deux mois. La cour justifie son refus en estimant que Tangorre est responsable des lenteurs de la procédure. Le 27 juin, un deuxième arrêt renvoie l'inculpé devant les assises. Celui-ci se pourvoit aussitôt en cassation et dépose une nouvelle demande de mise en liberté.

Cette demande est rejetée le 19 juillet pour les mêmes raisons. Le 17 octobre, le pourvoi en cassation contre l'arrêt de renvoi est également rejeté. Le procès est fixé. Il aura lieu dans la semaine du 3 au 8 février devant la cour d'assises du Gard, à Nîmes.

Le deuxième arrêt de renvoi se contente de survoler les ombres du dossier. Un seul exemple : le trajet qu'il avait fallu vingt mois pour mettre en place – et nous avons vu de quelle manière – est évoqué en six lignes. Les contradictions sur ce trajet sont qualifiées de points « précisés par la suite ».

Tous les éléments que l'enquête a laissés en suspens ou ceux qui peuvent être favorables à la défense de Tangorre sont gommés ou écartés.

Il ne reste rien d'autre dans ce pourvoi qu'une accusation, apparemment cohérente, qui ne peut que conduire la cour d'assises à prononcer une condamnation.

Tangorre, pour sa part, continue à espérer. Il ne lui paraît pas possible que son innocence ne soit pas finalement reconnue. Il a tiré les leçons du premier procès, dit-il. Il considère qu'à Aix-en-Provence il n'a pas pu se défendre comme il aurait voulu en participant aux débats. Ses défenseurs ont beau le mettre en garde : il faut qu'il leur fasse confiance, il persiste à classer son dossier par cotes. Il y en a sept cents dans le sien.

– Je sais bien que ça fait beaucoup, mais il faut que je les aie sous la main si je veux intervenir au cours du procès. Ce dossier, c'est pour moi un bouclier, une protection. Je le connais sur le bout du doigt...

Trop bien, peut-être, pensent les avocats.

Martine Figueroa, qui le voit le plus souvent possible pour le préparer au procès, l'incite au calme. Il projette d'interroger lui-même les plaignantes, de leur demander – face au public – comment il est possible de bloquer les portières de part et d'autre d'une voiture de un mètre quarante et un de large garée dans une allée qui mesure un mètre de plus, pour déclarer par la suite que, les viols achevés, les deux filles et le violeur sont sortis tous les trois de la 4 L et qu'ils y sont de nouveau rentrés.

– Je vais leur foncer dans le lard ! promet-il.

Les avocats se demandent comment ils vont parvenir à canaliser cette énergie.

Ils n'y parviendront guère, Luc Tangorre restant persuadé qu'il va pouvoir maîtriser son dossier et qu'il interviendra chaque fois que quelqu'un avancera un argument contraire à la vérité.

On arrive pourtant à un compromis. Tangorre apportera ses dossiers à l'audience, mais il communiquera les réflexions que lui inspireront les débats sur des papiers qu'il passera au fur et à mesure à ses avocats.

La date du procès approche lorsque Tangorre apprend à ses défenseurs qu'un cinquième avocat, Elisabeth Alric, va participer à sa défense. Stupeur ! Puis, problème. Quatre, c'était déjà beaucoup, mais cinq, c'est trop !

François Vidal-Naquet, qui a suivi l'affaire de bout en bout, propose de se retirer. Luc Tangorre le supplie de rester. On lui explique que cette pléthore d'avocats va indisposer les juges et déplaire aux jurés, cela ne le convainc pas. Il a choisi cette jeune femme, fille du bâtonnier de Tarascon et d'une magistrate, parce qu'il avait besoin, estime-t-il, d'un défenseur qui connaisse bien le milieu judiciaire nîmois. Cette décision ne va pas consolider la cohésion d'une défense déjà mise à mal par les exigences de Luc Tangorre et sa mainmise sur le dossier.

L'équipe des défenseurs a commencé à définir une stratégie. Pas évident avec un accusé qui n'accepte que le « tout ou rien » !

L'innocence de Tangorre n'offre que deux hypothèses : une affaire montée par des enquêteurs dépités par la grâce présidentielle, ou bien un coup organisé par le véritable auteur des viols du premier dossier qui, redoutant que la grâce ne déclenche une nouvelle enquête, a voulu compromettre définitivement Tangorre. Il est difficile, cependant, d'écarter une troisième hypothèse selon laquelle Tangorre est un dissimulateur souffrant d'un dédoublement de la personnalité. Trois mois à peine après sa libération, après tout ce qu'il a fait pour obtenir sa grâce, il ne pouvait « oser » une affaire comme celle-là que s'il était fou. Cette troisième hypothèse, Luc Tangorre ne veut pas en entendre parler. Si l'on ne croit pas à son innocence, il faut le laisser se défendre tout seul... L'idée de reconnaître une responsabilité, si infime soit-elle, dans l'affaire lui paraît inacceptable.

– Imaginons une histoire simple qui ait mal tourné, avance l'un des avocats.

Non ! Il n'a jamais vu ces filles ! Il ne les connaît pas !

Tangorre reste obstinément enfermé dans son personnage. D'ailleurs, le dossier ne manque pas d'arguments en sa faveur, fait-il remarquer :

– les témoignages qui démontrent qu'il était chez ses parents le soir des faits ;

– les différentes reconstitutions du trajet qui prouvent qu'il n'avait pas le temps matériel, avec sa vieille voiture, de conduire les filles à Nîmes, de les violer puis de revenir à Marseille.

– Nous n'aurons pas de peine à démontrer que le juge a instruit ce dossier à sens unique. A charge, seulement à charge !

Il est sûr de démontrer son innocence, de convaincre même ses adversaires. Il suffira qu'il leur parle, qu'il leur explique toute cette histoire qui mûrit en lui depuis tant de mois. Et si ça ne marche pas ? Si on ne le croit pas ! « Il n'a pas que des amis », objectent ses défenseurs. C'est un risque, un gros risque à courir. Les juges, déjà très prévenus contre lui – la justice jusqu'ici ne lui a pas fait de cadeaux –, peuvent très bien ne pas se laisser convaincre, et, dans ce cas, décider d'une lourde peine.

Eh bien, tant pis ! Il sera le martyr de sa propre cause, l'innocent injustement condamné. Il ne cédera pas, il ne composera pas en avouant, pour réduire le poids d'une condamnation, un crime qu'il n'a pas commis !

24

– La veille du procès, j'avais la grippe et je suivais un traitement sévère pour être en forme à l'audience, se souvient Paul Lombard. Il faisait froid comme il peut faire froid à Nîmes quand le vent d'hiver descend des Cévennes. Nous étions tous installés au *Cheval blanc*, en face des Arènes. Nous y tenions nos conseils de guerre pour définir l'attitude que nous allions prendre. La grippe, le froid, je ne sais pas, mais le cœur n'y était pas. Je suis allé marcher dans la vieille ville. D'habitude, je déteste me promener seul, mais j'avais besoin de réfléchir.

Jean-Louis Pelletier, lui non plus, ne se rend pas à ce procès de gaieté de cœur. Les exigences de Luc Tangorre, le poids qu'il fait peser sur sa défense l'ont agacé.

– A trois jours de l'audience, je traînais les pieds. J'avais envie de rentrer à Paris. Lombard et Vidal-Naquet m'ont dit : « Il faut y aller, on verra bien ! » J'avais beaucoup travaillé sur ce dossier, ne serait-ce que pour tout classer afin qu'on puisse se reconnaître dans ce fatras d'interrogatoires, d'expertises, de reconstitutions qui allaient dans tous les sens.

Me Vidal-Naquet, lui, est celui qui a suivi l'affaire de plus près. Au début, il a été choqué en apprenant que Luc Tangorre était de nouveau incriminé dans une affaire de viol. Après avoir aidé à préparer la révision de son premier procès avec Jean-Denis Bredin, ce retour de Luc Tangorre dans l'actualité des faits divers l'a ébranlé.

– Je me demandais comment deux filles pouvaient l'accuser en même temps et, surtout, comment, alors qu'elles sont étrangères et qu'elles ne connaissaient pas cette région, elles avaient pu participer à un complot contre Tangorre.

Me Vidal-Naquet est néanmoins allé le voir à la prison de Nîmes. Il a également pris connaissance des premiers éléments du dossier. Les faits ne sont pas aussi clairement établis qu'on l'a écrit dans la presse. L'avocat a alors accepté de le défendre mais, à la veille du procès, après trois ans et quatre mois de batailles juridiques, il avoue qu'au fond de lui il reste sur ses gardes.

Quant à Martine Figueroa, elle reconnaît qu'il y a deux hommes en Tangorre :

– Il est charmant, prévenant lorsqu'il parle des choses de tous les jours mais il suffit qu'il évoque son affaire pour qu'on le voie se transformer. (Elle le définit d'une formule :) Même si souvent il exaspère, on ne peut s'empêcher de le trouver sympathique.

En attendant son procès, Luc Tangorre est transféré à la prison de Nîmes et placé en quartier d'isolement.

Les prisons, il commence à connaître. C'est la sixième ou la septième fois qu'on le déménage. Il a raconté à ses avocats qu'à chaque reprise on était plongé dans un monde différent, comme si on changeait de pays. Les établissements pénitentiaires observent des règles souvent différentes. Aucun ne ressemble à un autre. Les locaux, c'est le jour et la nuit. Il y a les vieilles prisons et il y a les neuves, mais l'organisation de la détention joue un rôle important dans la vie quotidienne du détenu. Les petites prisons sont, en général, moins confortables mais plus humaines que les grandes. La communication avec les représentants de l'administration pénitentiaire est plus facile en raison du nombre réduit de détenus. On n'y est pas un simple numéro matricule, mais un homme avec un nom et un prénom.

Ce que l'on cantine dépend aussi des prisons. Dans presque tous les établissements, le café est interdit. Toutefois, les détenus ont droit à du thé ou à un petit déjeuner à base de chicorée. Dans certaines prisons, les détenus peuvent consommer de la bière.

Cependant, depuis l'apparition du secteur privé dans les maisons de détention, ce sont aussi les prix qui changent. Les fruits et les légumes sont en général bon marché, néanmoins ils peuvent varier du simple au double. Pourtant, ce sont les prix de location des postes de télévision qui connaissent les plus grandes variations.

Pour l'instant, les tarifs de cantine ne sont pas la préoccupation essentielle de Luc Tangorre. Déconnecté du reste de la prison, il met la dernière main à son dossier. Il est toujours persuadé de convaincre les jurés de son innocence.

25

Le palais de justice de Nîmes, à côté des arènes romaines, est un vieux bâtiment, l'un des derniers en France où les salles d'audience sont encore agencées « à l'ancienne » ; la cour siège sur une estrade devant le public, les jurés et l'accusé prenant place dans des boxes face à face. Les avocats se trouvent en contrebas devant l'accusé. Aujourd'hui, dans la grande majorité des cours d'assises, les magistrats et les jurés siègent ensemble, au même niveau. Ce n'était pas le cas à Nîmes, le 3 février 1992, jour où s'ouvre le procès Tangorre.

Pour égayer l'ambiance, Paul Lombard rappelle qu'un édit royal autorisait les avocats à entrer à cheval dans le palais. On sourit à cette évocation, mais bien vite, les visages se tendent de nouveau. L'atmosphère est à couper au couteau. Il n'y a même pas ce brouhaha de hall de gare qui monte de la salle des pas perdus, les jours de grands procès.

D'ailleurs, l'assistance est clairsemée.

C'est ce qui frappe tout d'abord Claire-Lise Foiret, lorsqu'elle arrive ce matin-là au palais de justice en compagnie de Marie Laffranque. Chercheur au C.N.R.S., Marie Laffranque est une spécialiste de Garcia Lorca. Sa connaissance du poète et de son œuvre fait référence dans le monde entier. Frappée par la poliomyélite à l'âge de cinq ans, elle est condamnée depuis à ne se déplacer que dans un fauteuil roulant. Agée de soixante-dix ans, elle est physiquement très faible et il faut souvent la porter. Elle ne peut pas voyager seule. Ce handicap ne l'empêche pas de manifester en permanence une énergie, un dynamisme exceptionnels. Claire-Lise a proposé de veiller sur elle puisqu'elles doivent toutes deux témoigner au procès.

A Nîmes, elles ont été accueillies par des sœurs dont le couvent se trouve à proximité du palais de justice. Bien qu'arrivées dans la nuit, le matin dès 8 h 30 elles sont au palais. Claire-Lise découvre la salle d'audience « aménagée pour impressionner », les journalistes qui, en attendant l'ouverture des débats, parlent entre eux, déjà persuadés que l'accusé est coupable.

Juste avant l'audience, dernière concertation des avocats. Vont-ils plaider tous les cinq ? Trois plaidoiries suffiraient, pensent-ils. Qui les prononcera ? La question reste posée.

9 heures. L'huissier annonce : « La cour ! » L'assistance se lève. La robe rouge du président Maurice Maleval jette une tache de lumière dans la salle grise. Ses deux assesseurs s'installent à ses côtés. L'avocat général, lui aussi en rouge, prend place à son tour.

Le président est un Ardéchois de cinquante-trois ans, qui a été juge à Lyon avant d'être détaché, pendant quatre ans, par le ministère des Relations extérieures à Djibouti. Depuis 1987, il est conseiller à la cour d'appel de Nîmes.

Un regard circulaire sur la salle pour s'assurer que

tout est en place. Les cinq avocats de la défense – pourquoi diable sont-ils si nombreux ? –, les deux représentants de la partie civile. Devant les travées réservées aux journalistes, Marie Laffranque dans son fauteuil roulant. De l'autre côté, les plaignantes, accompagnées de deux hommes vêtus sobrement – des parents ? des gardes du corps ? –, eux-mêmes encadrés de deux gendarmes. Elles ont les traits tendus, crispés. Claire-Lise Foiret les décrit : Strictement vêtues de sombre, colliers de perles et boucles d'oreilles assorties, cheveux blonds, plats et souples... L'air plus jeune que leurs vingt-cinq ans. Jessica, qui s'est mariée aux Etats-Unis avec un Français, est enceinte de cinq mois. »

Marilyn esquisse un sanglot, comme un hoquet, en s'asseyant. Un dernier coup d'œil pour s'assurer de la présence du service d'ordre. Tout est en place.

– Introduisez l'accusé !

Luc Tangorre entre, visiblement nerveux. Il s'est entêté jusqu'au bout, il n'a pas voulu venir au procès sans ses sept cents cotes entassées dans des sacs en plastique. Quelques rires fusent dans la salle.

Il reconnaîtra plus tard son erreur :

– C'était folklorique. J'avais l'air d'arriver avec un camion de déménagement. Ce dossier, les gens n'ont pas senti tout ce qu'il représentait pour ma défense. Au contraire, on m'a pris pour un fou de procédure.

Le président n'apprécie pas cette entrée de comédie. Il s'étonne de cet amas de documents apportés par l'inculpé.

– Vous avez déjà cinq avocats...

– Je connais bien mon affaire.

– On ne veut pas vous empêcher de vous défendre.

Le ton est donné. Le président sait que son dossier n'est pas parfait, mais il est visiblement convaincu de la culpabilité de l'accusé et il va faire en sorte que les jurés le soient aussi. D'ailleurs, d'entrée, il est visible que le courant ne passe pas entre Tangorre et le président Maleval. La seule façon qu'il a d'ordonner à l'accusé : « Levez-vous », « Asseyez-vous » indique sa disposition d'esprit à son égard.

Face à des avocats de talent, à un accusé qui aime faire du cinéma, le président Maleval n'est pas décidé à s'en laisser conter et il le montre franchement, sans chercher à le dissimuler derrière quelques bons mots et un peu d'humour.

– Ça va être une guerre de tranchées, fait remarquer Paul Lombard qui voit combien la tension qui règne déjà sur le procès va compliquer la tâche de la défense.

L'installation du jury confirme ce sentiment. Le tirage au sort, après quelques récusations de la défense et de l'accusation, a fini par désigner six femmes et trois hommes. Les jurés vont prendre place, le visage fermé, sans jeter un regard sur l'accusé. Mes Pelletier et Lombard ont averti leur client :

– Nîmes est une cité protestante, rigide, relativement protégée du banditisme. Les jurés, ici, ne sont pas réputés pour leur clémence.

Luc Tangorre en fait aussitôt l'expérience.

– J'aurais voulu leur faire comprendre, ne serait-ce qu'à travers un regard, que j'étais différent de l'image qu'allaient leur donner de moi le procureur et le président, mais comprenant ma démarche, ils tournaient la tête. Je sentais confusément que leur religion était déjà faite et, qu'à moins d'un miracle, je n'avais à attendre d'eux aucune indulgence.

Une discussion s'instaure sur une demande de huis clos par la partie civile. Le président et l'avocat général n'y sont pas favorables, mais la loi est formelle : si la partie civile persiste, la cour devra s'incliner. Elle persiste. Les débats se dérouleront donc hors la présence du public. Seuls les parents, après leurs dépositions, et les journalistes accrédités assisteront aux audiences. Trois autres témoins, Marie Laffranque, Claire-Lise Foiret et le père Testemale, ancien directeur d'un collège que fréquenta Tangorre, pourront être présents.

Là-dessus, l'audience est levée. Les avocats de Tangorre courent se concerter au *Cheval blanc*. Il ne s'est encore rien passé ; pourtant, l'ambiance n'est pas à l'optimisme.

– Nous étions plus près de la Berezina que d'Austerlitz, se souvient Jean-Louis Pelletier.

Effectivement, les débats se sont mal engagés. Tangorre, avec son déballage de dossiers, a indisposé le président, qu'on sent prêt à aller plus loin que l'accusation.

Le président n'est d'ailleurs pas le seul à n'avoir pas apprécié l'entrée théâtrale de Luc Tangorre dans la salle d'audience. Un témoin de la défense est venu dire à l'un des avocats ce qu'il en pensait :

– Ce n'était plus un homme défendant sa peau, mais une machine bien huilée qui avait parfaitement organisé sa défense. En le voyant arriver, j'ai plus senti le procédurier que l'homme injustement attaqué.

Décidément, ça commençait mal !

Un procès d'assises, c'est le dossier parlé : les enquêteurs viennent expliquer leurs enquêtes, les experts, leurs travaux, les témoins des faits disent ce qu'ils ont vu et les témoins de moralité donnent leur opinion sur le comportement des personnes incriminées. Tout cela est, en général, déjà consigné dans les procès-verbaux ou les rapports qui figurent dans le dossier. Il arrive toutefois que devant la cour et les jurés, dans l'atmosphère très particulière d'une audience, des témoignages se précisent ou s'estompent, des rapports se corsent ou s'affaiblissent. Un procès d'assises se déroulant deux ans au moins après les faits – celui de Tangorre a attendu quatre ans –, on s'aperçoit alors qu'avec le temps la mémoire n'est pas toujours fidèle et même qu'elle en prend parfois à son aise avec la réalité.

L'audience de l'après-midi du 3 février est réservée aux témoins de la défense. Ils sont onze qui n'ont que du bien à dire de Luc Tangorre. Plus que leur témoignage, c'est leur personnalité qui est importante : une religieuse, un chercheur, un prêtre enseignant, un préfet d'études, un professeur d'histoire. Un souffle d'émotion passe sur la salle d'audience au moment où Pierre Tichané est appelé. Il est là pour remplacer Gisèle, sa femme, morte en 1990. Il rappelle l'incident qui, dans le cabinet du juge Lernould, avait provoqué une syncope de Gisèle. Le juge lui avait reproché que, faisant libérer un coupable, elle lui avait permis de récidiver avec les deux Américaines :

– Rien dans la procédure ne mentionne cet incident, fait remarquer la partie civile.

– Je maintiens ce qu'elle m'a expliqué à son retour.

L'inculpé prend la parole :

– Elle a aussi mentionné cet incident dans plusieurs lettres.

Pierre Tichané, en conclusion, indique qu'il n'est pas un inconditionnel de Luc Tangorre, mais que ce qui lui importe, c'est la vérité.

– Gisèle, comme moi, pensions que le viol est une abomination, mais condamner un innocent est une autre abomination.

Avec force, il recommande à la cour d'être vigilante dans ce sens.

Encore quatre auditions de témoins cités par la défense, puis l'audience est suspendue jusqu'au lendemain.

La deuxième journée du procès est la plus importante. Elle va être presque entièrement consacrée à l'audition des deux victimes, Jessica et Marilyn. Le dossier montre combien les auditions des jeunes filles ont subi de modifications, voire d'aménagements.

Il a fallu trois reconstitutions du trajet emprunté par l'agresseur pour conduire les victimes dans une 4 L en mauvais état de Marseille à la pommeraie, à proximité de Nîmes, où il les a violées, pour que, enfin, bien qu'obtenu dans des conditions discutables, le dernier trajet concorde avec les horaires donnés par les Américaines. Pour y parvenir, il a fallu écourter une bonne partie du parcours qu'elles disaient pourtant avoir couvert, dans leurs premières déclarations, quelques heures seulement après les faits.

Le dossier déjà nous dit tout ça. Il nous dit aussi l'incroyable périple de ces deux étudiantes « de très bonne famille » qui, brusquement, parce qu'on a évoqué devant elles, au tournoi de tennis de Roland-Garros, la beauté des paysages méditerranéens, décident d'aller voir si c'est vrai. Elles quittent Paris en stop sans rien dire à leur entourage. Des marins américains les conduisent à Marseille, puis un taxi, toujours en stop, à Toulon. Elles vont encore en stop à La Seyne, à la plage des Sablettes, puis retournent à Marseille où, encore et toujours en stop, elles sont embarquées par leur agresseur.

Tangorre et ses proches attendent beaucoup de ces témoignages. La défense aussi, qui veut éclaircir les conditions dans lesquelles ces deux jeunes filles se sont lancées dans ce que Marilyn appellera à la barre « une envie d'un peu d'aventure ». En diront-elles un peu plus sur cette inexplicable fugue au soleil qui allait si mal se terminer ? Non ! Il faudra s'y résoudre, ceux qui attendaient des révélations, ou pour le moins l'approche d'une explication, en seront pour leurs frais. Ce qui s'est passé dans la nuit du dimanche au lundi, puis le jour qui a suivi jusqu'au moment où elles sont montées dans la 4 L verte à Marseille, elles le répéteront comme un horaire de chemin de fer. D'ailleurs, Charly Bensard, dans sa plaidoirie de partie civile, écartera tous ces détails :

– Peu importe les heures. Les lieux mentionnés, le plein d'essence, la banquette, ce sont des points sans importance.

Ce n'est même pas la peine d'essayer de savoir si les circonstances dans lesquelles l'agression s'est déroulée correspondent réellement au récit des jeunes filles. Le trajet, par exemple : au début, elles avaient parlé d'Arles, d'Avignon, du palais des Papes. Jessica explique très bien pourquoi. C'était une méprise. Elle était déjà venue en France, à La Ciotat, quatre ans plus tôt. Pendant son séjour, les organisateurs du voyage, auquel participaient d'autres étudiantes américaines, avaient projeté une « découverte » des villes romaines autour d'Arles et de Nîmes. Jessica n'avait pas pu participer à cette sortie car elle avait la varicelle. Elle explique que les noms d'Arles et de Nîmes étaient dès lors restés liés dans sa mémoire. Lorsque les gendarmes l'avaient interrogée tout de suite après l'agression, elle avait donc cité Arles, parce que, dans son souvenir, il fallait absolument passer par Arles pour se rendre à Nîmes.

Marilyn restera la matinée à la barre, Jessica la plus grande partie de l'après-midi. Elles confirmeront ce qui a déjà été arrêté au moment de la troisième reconstitution avec le juge Laporte.

– Tout est bien en place, remarque Me Jean-Louis

Pelletier à une suspension d'audience. La défense est piégée. Volontairement et astucieusement, on lui a enlevé toutes ses chances. Le dossier est devenu techniquement implaidable. On n'y trouvera pas le moindre indice qui permette de mettre en doute les déclarations de ces filles.

Un seul élément pourrait encore semer un doute dans l'esprit des jurés : la banquette.

– Rien de particulier pour la banquette, dit Marilyn.

– Elle était très stable, affirme Jessica.

– La banquette est fixe, assurera même l'avocat général Cazenave, pour faire bonne mesure.

Cette histoire de banquette est un point important qui mériterait peut-être que la cour cherche à l'éclaircir car elle n'est pas fixe. Tangorre l'a ajoutée après avoir acheté la voiture et les crochets ne correspondent pas. Plusieurs témoins l'ont constaté le matin même de l'agression.

Elle était fixe, disent les victimes.

Fixe, confirme l'avocat général, qui se trompe.

On ne s'attardera pas sur ce que Charly Bensard appelle un détail sans importance.

Tout a été merveilleusement ficelé. Pascale Cuttulic-Jaouen s'est identifiée à ses clientes jusqu'à leur ressembler. Une sorte d'osmose s'est opérée entre elles, au point qu'on dirait une grande sœur qui a pris ses cadettes sous son aile. Jessica et Marilyn campent parfaitement leur personnage de victimes.

– Elles sont bouleversantes de sincérité, note Me Lombard. Elles se tiennent par la main pour s'encourager. Elles sont impressionnantes de dignité, d'indignation.

Elles pleurent beaucoup, remarque la défense.

– Au fond, dit l'un des avocats, qu'apprenons-nous de ces jeunes femmes à travers l'instruction ? Qu'elles pleurent ! Je n'en veux pour preuve que le dernier interrogatoire de Mme Laporte. Tenez, regardez, dit-il à ses confrères : le juge d'instruction pose une question, Jessica ne répond pas, le greffier inscrit : « Notons que la partie civile, très émue, éclate en sanglots. » Nous retrouvons cette inscription à toutes les pages, trois ans après les faits (cet interrogatoire date de 1991). Peut-on considérer que les larmes sont une preuve de sincérité ? A moins qu'elles ne soient une échappatoire... »

Le comportement de la partie civile, joint au climat de ce procès qui n'est pas favorable à l'accusé, va contraindre la défense à ne ferrailler avec elle qu'à fleurets mouchetés. Les attaques de front constitueraient une incongruité, une injure à la dignité des victimes. Celles-ci vont de ce fait passer à travers le procès sans que leur soit posée la moindre question gênante. Leur comportement à l'audience plus la protection dont elles ont bénéficié au cours des débats leur vaudront une immunité totale. Pas une fois les avocats de la défense ne seront en mesure de les mettre en difficulté. Mais s'ils avaient pu le faire, la cour et les jurés ne les auraient pas suivis. A la réunion qu'ils tiennent après l'audience, Mes Pelletier et Lombard s'interrogent sur les deux jeunes filles.

A la suspension de la mi-journée, ils les ont rencontrées dans la rue. Elles faisaient du lèche-vitrines et semblaient y prendre un grand plaisir. Très décontractées, elles se tenaient par la main, se parlaient, riaient. C'était la nuit et le jour avec leur comportement dans la salle d'audience.

– Ce sont de vraies « pros », constate Me Lombard. Nous ne pouvons même plus revenir sur les trous du dossier sans scandaliser le jury.

Tout le monde sent que « ça va mal ». On décide de revenir à la charge avec Luc Tangorre.

Le lendemain matin, à la première suspension, les avocats rejoignent l'accusé dans la souricière. Ils analysent la situation avec lui, évoquent les risques d'une lourde peine, la nécessité, pour parer les coups, de trouver une solution :

– En revenant à l'audience, on pourrait reconnaître qu'il s'agit simplement d'une affaire qui a mal tourné, qu'on était parti pour s'amuser un moment...

Luc Tangorre est devenu tout pâle. Il répète : « Non, non, non ! », à plusieurs reprises, puis après un temps de silence, il reprend :

– Si mes propres avocats ne me croient pas, il vaut mieux que je me défende seul... (Les larmes aux yeux, il ajoute :) Je comprendrais que vous partiez. Je ne veux pas vous faire perdre la face.

– Nous étions tous émus, se souvient Me Lombard, et en remontant l'escalier de la souricière je pensais : si ce garçon est innocent, quel drame pour lui !

La défense, considérant qu'on ne peut pas en rester là, essaie de reprendre l'offensive. Me Vidal-Naquet dépose sur le bureau du président la demande de deux nouvelles expertises : une expertise de santé mentale, pour déterminer s'il y a chez Luc Tangorre un dédoublement de personnalité et si, éventuellement, il pourrait refouler le souvenir de sa culpabilité ; et une nouvelle expertise du trajet, en présence de trois experts, cette fois, les deux premières ayant été insuffisantes et la troisième inacceptable.

La partie civile s'oppose à ces expertises lorsque Tangorre demande la parole.

Il avait annoncé avant le procès qu'il le ferait car, disait-il, il avait constaté qu'aux assises tout le monde disait n'importe quoi. Il avait décidé de réagir à chaque mensonge.

Il se lève donc et intervient pour reprocher à Me Cuttulic-Jaouen d'avoir fait état de la seule expertise qui lui est franchement défavorable et qui, de surcroît, remonte à la première affaire.

– Il y a une douzaine d'expertises dans mon dossier. J'en demande la lecture exhaustive.

Le président, mécontent :

– Taisez-vous, sinon je vous renvoie en cellule !

– Eh bien, je ferai cette lecture exhaustive lors de mon plaidoyer final.

Les journalistes murmurent entre eux, rient.

Un juré soupire en levant les yeux au ciel.

Un débat s'instaure sur ces deux expertises. Me Cuttulic-Jaouen est contre, l'avocat général contre... On croit un moment que la cour va accepter au moins une nouvelle reconstitution du trajet car le président cherche à fixer la date éventuelle d'un transport : se fera-t-il le samedi, le dimanche ?

Personne ne s'oppose à une prolongation des débats. L'audience est suspendue. A la reprise, le président rend la décision de la cour. Elle sursoit à la requête jusqu'à l'achèvement de l'instruction orale. On n'en parlera plus. Le défilé des témoins reprend jusqu'à Joseph Tangorre, le père de Luc.

A travers des mots simples, mais avec une détermination, une fougue étonnante chez un homme de son âge, il raconte l'enquête, ses certitudes, ses espoirs toujours déçus. Il fait remarquer que les plaignantes ne sont jamais montées dans la 4 L verte... à cause de la banquette. Ah ! la banquette... Il en a parlé au juge, il lui a écrit pour qu'il constate qu'elle n'était pas fixée.

– Pas de réponse. Jamais de réponse. Pourquoi ? interroge Joseph Tangorre.

Il demande que la cour et les jurés aillent inspecter cette banquette...

Le défilé des témoins reprend.

On entend M. Dell'Andrea qui a vu la voiture de Luc Tangorre stationnée, rue Sainte-Cécile à Marseille, à l'heure où les viols se commettaient à Nîmes. Le président ne ménage pas cet ancien sous-officier légionnaire.

– Votre épouse affirme que vous êtes un ivrogne...

Il ne précise pas que cette déclaration a été recueillie par un gendarme, en décembre 1988, auprès d'une femme atteinte d'une tumeur au cerveau et qui est morte quelques jours plus tard. Cela n'empêchera pas M. Dell'Andrea de persister dans son témoignage.

Il reste à entendre quelques témoins, notamment les gendarmes qui ont procédé à l'enquête. Auparavant, le président provoque un incident en brandissant un opuscule d'un certain Vermorel. Le magistrat lit une phrase qui se réfère à l'évaluation controversée de la durée de vie des spermatozoïdes : « S'il y avait eu des rapports sexuels, ce ne pouvait être que vingt-quatre heures ou trente heures avant, c'est-à-dire pendant la nuit passée dans le car en compagnie de ces braves gars de la marine U.S. qui les avaient emmenées à Marseille. »

Apparemment en colère, le président déchire l'opuscule et en jette les morceaux, puis, apostrophant M. Tangorre qui est dans la salle, il l'avertit ainsi que sa famille et leurs amis qu'ils n'ont rien à gagner à faire de tels torchons.

M. Tangorre se lève pour protester... Expulsé... Brouhaha. Les avocats parlent... on n'entend que des bribes de leurs propos :

– Rien à voir avec M. Vermorel, lance Me Pelletier.

– Luc Tangorre n'est pas responsable, ajoute Mᵉ Lombard.

Le président rappelle Jessica.

– Avez-vous été victime d'une agression sexuelle ?

– Oui.

Il rappelle à Mᵉ Lombard qu'il a lui-même employé le terme « victime ».

– Par considération pour elles, répond l'avocat qui, furieux, fait remarquer au président qu'il n'a de leçon à recevoir de personne. (Et il répète :) De personne, en le regardant droit dans les yeux.

On est en plein chaos.

Luc Tangorre se lève mais on l'écoute à peine. Pourtant, ce qu'il dit est intéressant.

– J'ai cru à l'imposture. Je dis maintenant qu'il y a peut-être eu viol, mais pas par moi.

Mᵉ Pelletier demande qu'on fasse revenir M. Tangorre.

– Quand il sera calmé, rétorque le président.

L'avocat se lève :

– Je vais voir s'il est calmé.

Et il sort.

Les quatre autres défenseurs sortent derrière lui.

Le président, qui ne maîtrise plus rien, suspend l'audience. L'incident aura des prolongements lorsque Mᵉ Figueroa, le lendemain, demandera la communication de ce document lu en partie à l'audience. Le président comprend tout de suite qu'il a fait une erreur : dans sa colère – vraie ou feinte –, il a jeté l'opuscule qu'il aurait dû communiquer à la défense. C'est un cas de cassation imparable.

– De ces cas imparables mais si souvent parés, fait remarquer Mᵉ Pelletier, sans illusions.

Effectivement, il sera paré. On ne va tout de même pas recommencer un procès comme celui-là !

Le jeudi après-midi, la cour entend les gendarmes qui répètent leurs certitudes.

Les débats sont terminés. Le vendredi, on entendra les parties civiles et l'avocat général.

Me Cuttulic-Jaouen plaide la première. On sait combien la jeune femme s'est investie dans le dossier. Elle va se glisser à la place de ses clientes pour raconter, avec des larmes dans la voix, l'abominable double viol.

« Avec une plus grande intensité émotionnelle, remarque Luc Tangorre, qui la regarde, fasciné, le montrer du doigt et le désigner à l'opprobre de tous en manifestant une douleur infinie. On aurait dit qu'elle avait été violée, elle aussi, dira-t-il par la suite, comprenant que ce coup de talent lui enlève ses dernières chances.

Le samedi matin, c'est au tour du deuxième avocat de la partie civile, Me Charly Bensard. Après la plaidoirie du cœur de la veille, c'est maintenant celle de la raison. S'appuyant sur le dossier, Me Bensard met les jurés en garde contre l'exploitation qu'en fera la défense.

Pendant la suspension d'audience qui suit, le père Testemale, Marie Laffranque et Claire-Lise Foiret font passer un billet à Luc Tangorre lui recommandant d'avoir confiance en ses avocats, de ne pas les interrompre. Et, puisqu'il va parler le dernier, d'être sobre et d'éviter les longues explications qui indisposeront un auditoire déjà fatigué. Le message se termine sur un « Bon courage ! »

Il va lui en falloir, c'est sûr !

A la reprise, le réquisitoire de l'avocat général Cazenave reprend une nouvelle fois le dossier pour en extraire ce qui peut être défavorable à l'accusé. C'est son rôle ! A l'arrivée, il demande vingt ans de prison.

Le samedi après-midi est réservé aux plaidoiries de la défense. Tangorre a supplié ses avocats de plaider tous les cinq. Il ne se doute pas à quel point cette multiplication des interventions va fragmenter les arguments de la défense et les affaiblir. Elle va également irriter le jury qui a le sentiment qu'on lui fait perdre son temps. François Vidal-Naquet, Martine Figueroa, Elisabeth Alric, Jean-Louis Pelletier, Paul Lombard soulèvent les questions que pose ce dossier. Les défenseurs recommandent aux jurés de ne pas se laisser emporter par les apparences, les demi-certitudes, la surface des choses. Ils examinent les impossibilités, les contradictions. Ils soulignent le sort partial qui est fait aux témoignages, les vrais, qui sont ceux de l'accusation, les faux, ceux de la défense.

Pourquoi, alors, ne poursuit-on pas ces témoins qu'on suspecte de mentir ?

20 h 40. Les plaidoiries achevées, Luc Tangorre se lève.

– J'ai peut-être été le pire des accusés, mais je jure sur la tombe de ma grand-mère et sur la tête de mes parents que je ne suis pas un violeur ! J'étais à Marseille, ce soir-là.

22 h 20. La cour et les jurés reviennent. Le président lit le verdict. Luc Tangorre est reconnu coupable, mais le jury a retenu les circonstances atténuantes. En conclusion, l'accusé est condamné à dix-huit ans de réclusion criminelle.

Au seul mot de coupable, la mère s'est levée en hurlant : « Assassins ! » aux jurés et à la cour.

Tangorre est debout, blême, comme assommé :

– Non... pas deux fois... répète-t-il.

Les circonstances atténuantes ?

– Je n'en veux pas, je suis innocent !

Des cris, des pleurs. Les gardiens ont toutes les peines du monde à maintenir Tangorre, en proie à une crise de nerfs. Il reste un long moment tétanisé, puis tombe évanoui. Il faudra attendre qu'il retrouve suffisamment ses esprits pour qu'on puisse le ramener à la prison.

Voilà, c'est fini. Dans la salle, on commente le verdict. « Effarant », dit Paul Lombard. « Dur, très dur », reconnaît Pascale Cuttulic-Jaouen. L'importance de la peine a-t-elle servi à justifier l'insuffisance du dossier ? L'instruction n'a pas apporté les réponses qu'on est en droit d'attendre d'une bonne justice. La partialité du président qui a laissé s'instaurer une relation conflictuelle avec l'accusé a privé les débats du caractère contradictoire prévu par la loi.

26

Le document qui suit se trouve dans le dossier de la défense. Il est l'œuvre d'une femme qui connaît bien les problèmes de la justice et qui a été conduite par ses fonctions à participer au sauvetage d'innocents injustement condamnés. Les avocats de Tangorre lui avaient demandé de se pencher sur l'affaire. Bien qu'elle se défende d'avoir procédé à une étude exhaustive du dossier – c'est la raison pour laquelle nous ne la nommerons pas –, sa rigueur, sa connaissance de cas judiciaires proches donnent à sa réflexion un éclairage intéressant.

Les hypothèses de la culpabilité ou de l'innocence de Luc Tangorre ont l'une et l'autre, l'une en face de l'autre, un caractère abracadabrant. Le poids difficilement contournable des charges – mais tel qu'elles en deviennent invraisemblables – d'une part, et les protestations d'innocence contre ces charges mêmes et les détails qui semblent la confirmer, d'autre part.

J'ai noté le soin méticuleux à l'extrême de l'instruction pour ne rien laisser dans l'ombre : le voyage aux Etats-Unis du magistrat et de deux policiers, les photos prises d'avion au-dessus des lieux de l'agression, l'audition de la femme du témoin à décharge de Marseille, etc. Il n'y a guère de négligences dans ce dossier, compte tenu sans doute de sa médiatisation et de sa portée politique.

Mais :

Les victimes ont un double visage. On fait d'énormes efforts pour les présenter comme des jeunes filles de bonne famille, victimes tout à fait innocentes. Mais bien des détails du dossier peuvent en faire douter.

Alors là, il semblerait que la vigilance de l'instruction se relâche.

Par exemple, on a pris le soin d'entendre la responsable du collège, dont celles-ci suivaient les cours. Mais il s'agit de cours destinés à des adultes, par un organisme qui n'a aucune responsabilité sur la vie privée des élèves et ne peut que noter leur assiduité ou leurs réussites. Par contre, l'audition des logeurs de ces deux filles aurait pu mieux cerner leur personnalité. Majeures, elles n'avaient aucun compte à rendre à ceux-ci sur leurs éventuelles absences, sinon les en informer. Sans doute l'avaient-elles fait jusque-là, puisque ces logeurs se sont affolés de leur absence au point de prévenir la police de leur disparition, avant même l'heure de l'agression. Il est surprenant que jamais, à aucun moment, l'instruction ne se soit interrogée sur cette aventure, et sur l'interprétation qu'auraient pu en donner ces logeurs, ou telle autre élève ou amie qui aurait pu recevoir des confidences, plus que la directrice administrative d'une vaste institution.

Qui sont les marins ? J'avais trop facilement déduit de leur déplacement par car qu'il s'agissait de marins de la flotte militaire des Etats-Unis, pensant que des marins de la marine marchande se dispersaient plutôt vers leurs aventures personnelles lors des escales. J'ai mal vérifié ce détail dans le dossier. Peut-être avaient-ils eux-mêmes loué un car pour leur virée à Paris ? Le nom de leur bâtiment aurait été *L'Hermitage*, d'après les jeunes filles. Drôle de nom pour un navire. Il serait facile de vérifier à Marseille son existence et ses mouvements. Si cela n'est pas exact, cela certes ne suffit pas à innocenter Tangorre, du moins une première entorse à la vérité décelée chez les victimes permettrait-elle d'espérer mettre le doigt sur quelque chose de plus substantiel.

Dernier détail apparemment anodin : elles disent n'avoir aucune attache en France et aucun projet ultérieur, pourtant l'une d'entre elles se trouve quelques semaines après l'agression de retour en France, sur la Côte d'Azur, et précisément dans cette zone où, de façon aberrante, elles ont toutes les deux erré au moment où, à Paris, on s'affolait de leur absence. Cette zone de la Côte d'Azur leur était-elle à ce point inconnue ?

Pourquoi un taxi les aurait-il prises en stop, et pourquoi, pour finir, le juge d'instruction entretient-il le plus grand silence sur des questions aussi évidentes, pour loin qu'elles soient de la réalité des faits, alors qu'on a pris la peine de joindre au dossier un document destiné à démontrer qu'elles ne sont pas des fabulatrices ? Pourquoi ne pas en faire la recherche sur les faits ?

(Je me souviens d'avoir été intéressée, il y a de longues années, par la victimologie, une science alors balbutiante, disait-on, et qui consistait à porter plus d'attention à la réalité des victimes, plutôt qu'aux schémas qu'elles suggèrent : un vieillard est toujours faible et asexué, une jeune fille toujours naïve, etc., alors que les vieillards violents et passionnés et les petites filles perverses sont tout aussi fréquents. Où en est cette science ? Le dossier Tangorre semble démontrer qu'elle n'a pas beaucoup progressé, ou, en tout cas, qu'elle n'a pas été prise en compte dans le dossier en question.)

Trois hypothèses subsistent :

– ou bien Luc est coupable, et cela réactualise en effet le premier dossier, mais devient une affaire psychiatrique peu banale où les psychiatres eux-mêmes se font avoir ;

– ou bien il est tout à fait étranger à l'affaire, comme il le prétend, et alors il s'agit bien d'une machination proprement démoniaque nécessitant tant de méticulosité que les enjeux doivent en être considérables, mais on ne voit pas l'ombre du début du commencement du fil qui pourrait y conduire ;

– ou encore Luc Tangorre était bien avec les Américaines, pour un flirt poussé pour lequel elles étaient consentantes et qu'elles ont déguisé en viol pour escamoter leur escapade, ce que Luc nierait à cause des risques que cela ferait courir à la demande de révision pour la première affaire. Cela pourrait expliquer pourquoi il s'acharne à démontrer qu'elles n'ont pas été violées. Qu'est-ce que cela peut lui faire qu'elles aient été violées ou non s'il est extérieur à l'affaire ?

Luc Tangorre a été condamné à dix-huit ans de réclusion sans que l'on soit en mesure de dire laquelle de ces hypothèses exprime la vérité.

La Ligue des droits de l'homme qui demande, en même temps que le syndicat de la magistrature et de nombreuses personnalités, une réforme de la procédure de la cour d'assises, observe, dans un document rendu public : « Certaines décisions, aussi bien des acquittements que des condamnations, donnent le sentiment d'avoir été rendues sans qu'aient été respectés les principes essentiels d'une justice impartiale garantissant les droits des parties au procès. »

En énumérant les points qui, dans le déroulement des poursuites, sont le plus contestés, la déclaration de la Ligue aurait pu s'inspirer du procès Tangorre, ce qui n'est pas le cas.

« Il est anormal, poursuit le document, que des enquêtes criminelles soient confiées à des services de police ou de gendarmerie inexpérimentés qui les conduisent parfois sans grande rigueur, selon leur intime conviction.

Il est anormal que la police scientifique et la médecine légale ne disposent pas de moyens nécessaires pour mener leurs travaux avec rigueur.

Il est anormal que l'information du juge d'instruction ne soit pas véritablement contrôlée par la chambre d'accusation.

Il est anormal que l'instruction à l'audience soit confiée au président de la cour d'assises avec les dérives inévitables de ce pouvoir sans véritable contrôle.

Il est anormal que les décisions les plus lourdes de notre droit soient rendues selon la seule intime conviction des membres du jury, sans aucune motivation.

Il est anormal, enfin et surtout, que les arrêts de cette juridiction ne soient pas susceptibles d'appel. »

On croirait passer en revue les raisons qui font que le procès Tangorre ne peut pas satisfaire les citoyens épris de justice. Coupable ? Innocent ? Une enquête plus approfondie, mieux orientée, aurait sans doute permis d'approcher la vérité de plus près. On a le sentiment que les faits ne se sont pas déroulés comme il est dit dans le dossier. Ce n'est peut-être qu'une impression *a contrario*, renforcée par la volonté des enquêteurs et du magistrat instructeur de ne pas rechercher d'autre cause à ce crime que le comportement « pervers » (non reconnu, d'ailleurs, par les experts) de l'accusé.

Les débats, dirigés par un président qui ne joua pas pleinement son rôle d'arbitre, n'ont pas aidé à mieux comprendre cette affaire, à dissiper les ombres du dossier.

Ainsi, à force de parti pris, en se basant sur le passé judiciaire de l'inculpé plus que sur les actes qu'on avait à juger, on est parvenu à une sanction d'une rigueur disproportionnée par rapport aux faits. L'une des peines les plus lourdes prononcées par une cour d'assises pour une affaire semblable. En agissant de la sorte les juges et les jurés se sont cantonnés dans un rôle répressif.

Au terme de quatre années d'enquête et d'un long procès, ils ont finalement condamné un inconnu. A l'issue des débats, on pouvait encore se demander quelle était la vraie personnalité de Luc Tangorre. Un récidiviste qui n'a pas eu de chance ? Un psychopathe ? Mais alors, la peine prononcée aurait dû être assortie d'une obligation de soins. A moins que Tangorre n'ait été simplement un coupable idéal.

On ne le saura jamais. L'idée qu'on ait pu condamner un homme sur un dossier incomplet, sans avoir établi ce qui aurait motivé ses actes, provoque un sentiment de frustration et d'injustice.

Crimes & Enquêtes

Au-delà du simple fait divers, la réalité criminelle : des hommes de loi, des écrivains, des journalistes, des témoins tentent d'expliquer ce qui peut, parfois, pousser l'homme à tuer.

Rapports de police, dossiers d'autopsie, portraits psychologiques, articles de presse, témoignages, chaque affaire est repassée avec objectivité au crible de la réalité afin que le lecteur puisse avoir tous les éléments en main.

Paul Lefèvre

Chroniqueur judiciaire à la radio et à la télévision depuis vingt-huit ans, Paul Lefèvre prend aujourd'hui la direction de la première collection de littérature criminelle en France.

BENFORD & JOHNSON
Reality show
7047/4

BREO Denis & MARTIN William J.
Le crime du siècle
7054/5
Autopsie d'un drame peu ordinaire : à Chicago, en 1966, un jeune homme de vingt-quatre ans s'introduit dans un dortoir où dorment neuf élèves infirmières et entreprend de les tuer l'une après l'autre. Une seule parviendra à échapper au massacre ; le témoignage de cette jeune femme permettra de faire condamner le meurtrier.

BUGLIOSI & GENTRY
La tuerie d'Hollywood
7031/8
Le 9 août 1969, un groupe de hippies assaille la villa de l'actrice Sharon Tate...

BUGLIOSI & HENDERSON
Meurtre sur une île déserte
7038/7

CARPENTER Teresa
La beauté disparue
7068/7 Inédit

CAUFFIELD Lowell
Pacte diabolique
7045/6

COLOMBANI Roger
Les ombres d'un dossier
7070/4 (Juillet 94)
Condamné à deux reprises pour viol, Luc Tangorre est-il un psychopathe récidiviste ou un innocent sur lequel la malchance s'acharne ?

DAVIS Don
Le monstre de Milwaukee
7033/3

ELKIND Peter
L'infirmière diabolique
7071/6 Inédit

FARRELL Harry
Justice expéditive
7050/5

FAVREAU-COLOMBIER J.
Marie Besnard
7060/7

FINSTAD Suzanne
La maîtresse du diable
7034/5

FOUCHEREAU Bruno
Les bûchers de Faaite
7074/4 Inédit

FRANCE David
Des jouets cruels
7057/6

FRANKLIN & WRIGHT
Les péchés du père
7048/5

GRAYSMITH Robert
Les crimes du Zodiaque
7037/4
En décembre 1968, à San Francisco, l'assassinat de deux adolescents à bout portant inaugure une longue série de meurtres...

HAMON Alain
L'affaire Marcel Barbeault
7067/4 Inédit
Entre 1969 et 1976, à Nogent-sur-Oise, huit victimes sont exécutées par un mystérieux tueur armé d'une carabine 22 long rifle. Tout sera mis en œuvre pour retrouver l'assassin. Mais Marcel Barbeault n'avouera jamais les crimes dont on l'accuse.

HARRIS Ellen
Mariage mortel
7044/5

HOFFMAN & HEADLEY
Vie d'un tueur à gages
7056/5

HOWARD Clark
Liens de sang
7055/6

INNOCENZI Paul-Claude
L'énigme de Pélissanne
7075/5

KAPLAN Michael
Battue à mort
7046/5

KOLARIK Gera-Lind
Libéré pour tuer
7049/6

LOURIE Richard
Le démon de Rostov
7076/4 (Juillet 94)

Crimes & Enquêtes

MASTERS Brian
Rendez-vous mortels
7053/6

McGINNISS Joe
Cruelle incertitude
7035/5
Vision fatale
7069/8 Inédit

MacLEAN Harry N.
En plein jour
7040/6
10 juillet 1981 : dans la rue Ken McElroy est abattu devant plus de quarante personnes. Quand la police et la justice sont impuissantes, les citoyens ont-ils un droit d'auto-défense ?

MILTON & BARDACH
Tous les amants de Vicki
7043/6

OLSEN Jack
Prédateur
7052/5
Le fils illégitime
7084/6 (Octobre 94)

OSSWALD Karin
Le doute et la guillotine
7077/4 (Août 94)

PANZANI Alex
La tuerie d'Auriol
7078/3 (Octobre 94)

PELLETIER Isabelle
L'affaire Valérie Subra
7072/4 (Novembre 94)

RADISH Kris
Fuis, Bambi, fuis
7042/5
Lorsque la femme de son amant est assassinée, c'est Laurie - surnommée Bambi - qui est accusée. Malgré les témoignages qui désignent un homme, Bambi est condamnée suite à un procès injuste. Après quelques années de prison, elle s'enfuit au Canada...

RULE Ann
Un tueur si proche
7036/6
Ted Bundy semble promis à un bel avenir. Pourtant ce jeune homme brillant mène une double vie : pendant quatre ans, il viole et tue impunément, tout en multipliant les provocations à l'égard de la police.
On a tué mes enfants
7041/6
Le 19 mai 1983, Diane Downs amène aux urgences de l'hôpital de Springfield (Oregon) ses trois jeunes enfants, grièvement blessés par balle. Elle prétend avoir été agressée par un inconnu.

SAWICKI Stephen
Leçons particulières de meurtre
7039/4
Le 1er mai 1990, Pamela Smart avertit la police qu'elle vient de trouver, en rentrant chez elle, son mari mort, une balle dans la nuque. Les assassins sont quatre adolescents, élèves de la jeune femme qui clame son innocence. Mais ne les a-t-elle pas manipulés pour toucher la prime d'assurance ?

SCHECHTER Harold
Esprit pervers
7059/4 Inédit (Novembre 94)

SIEGEL Barry
Le mort du lac de l'ours blanc
7079/6 (Août 94)

STEFANOVITCH Yvan
Un assassin au-dessus de tout soupçon
7051/4
1978-1979, le « tueur de l'ombre » terrorise les habitants de l'Oise en prenant pour cible des jeunes femmes qu'il renverse et écrase.

VERGÈS Jacques
Les sanguinaires
7032/3
Jack l'Eventreur, l'Etrangleur de Boston, le Vampire de Düsseldorf, le Boucher de Hanovre... Tous ces criminels célèbres ont un point commun : ils séduisent leurs victimes avant de les sacrifier.

ZIMMER Jacques
L'homme sans tête
7066/4 Inédit
L'affaire Roman
7080/4 (Décembre 94)